AF314802

LE RELIQUAIRE
de LAMARTINE

PORTRAIT DE LAMARTINE

Musée de Versailles. Cl. Hachette.

DOCTEUR LÉON CERF

LIBRAIRIE HACHETTE, PARIS

<u>PRÉFACE</u>

Je me suis proposé de grouper dans cet album tous les souvenirs matériels qui nous restent de Lamartine. Les souvenirs d'un grand écrivain représentent pour le lettré ce que sont les reliques d'un saint pour le croyant. Lamartine est, parmi nos gloires françaises, celui auquel s'applique le mieux cette comparaison.

Pour les planches de cet album, j'ai utilisé certains documents connus; j'ai fait quelques emprunts à l'*Album du Centenaire* publié par M. L. Lex; mais, le plus souvent, j'ai fait photographier directement, sur place, soit par un professionnel, soit par mon fils qui a collaboré à mes recherches.

Des notices accompagnent ces planches et en soulignent l'intérêt; elles ont été rédigées surtout avec le souci de l'exactitude.

Les documents ont été classés autant que possible par ordre chronologique, et ils constituent ainsi une biographie singulièrement pittoresque et évocatrice, quoique mon but n'ait pas été de faire une biographie illustrée de Lamartine, puisque, loin de vouloir étaler une iconographie sans lacune, j'ai écarté systématiquement tout ce qui ne portait pas la trace d'un contact direct avec Lamartine.

Je tiens à remercier ici tous ceux dont la courtoisie, pendant mon séjour au pays lamartinien, a facilité ma tâche : Mme de Parseval, aujourd'hui disparue, m'avait réservé un accueil que je n'oublierai pas. M. L. Lex, archiviste du département de Saône-et-Loire, m'a ouvert tous les trésors de ses Archives, du Musée, de la Bibliothèque et de l'Académie de Mâcon; il a poussé l'obligeance jusqu'à relire mes épreuves, et je lui demeure profondément reconnaissant de ce nouveau témoignage de sa fidèle amitié. Les propriétaires des demeures de Lamartine m'ont aidé dans mon enquête avec une charmante bonne grâce : Mme et M. Sornay, à Milly ; le comte de Noblet, à Saint-Point ; Mme Virey, à Montceau. Le Dr Siraud (de Lyon), le maire actuel de Saint-Point, mon ancien condisciple au lycée Lamartine de Mâcon, et M. le curé de Pierreclos m'ont communiqué de précieux documents. L'amabilité de Mme Flamant m'a permis d'illustrer la reconstitution de l'idylle du château de Byone. Bien d'autres bonnes volontés m'ont secondé ailleurs, sur bien des points particuliers ; on les trouvera signalées au cours de cet ouvrage.

J'espère que cet album, ainsi conçu, pourra recevoir bon accueil non seulement des lamartiniens, mais de tous les lettrés, et des curieux avides de documents exacts.

Docteur Léon CERF

LE PÈRE ET LA MÈRE
DE LAMARTINE

PIERRE DE LAMARTINE

1751-1840

Né à Mâcon, le 21 septembre 1751, mort à Mâcon, le 27 août 1840 — chevalier de Pratz, capitaine au régiment Dauphin-Cavalerie, chevalier de l'ordre royal et militaire de Saint-Louis. Père de Lamartine.

Cette peinture est fixée au-dessus et à droite de la cheminée de la chambre à coucher de Lamartine, à Saint-Point.

Louis-François de la Martine, seigneur de Montceau (4 Octobre 1711-11 Mai 1797), le grand-père paternel de Lamartine, eut, de son mariage avec Jeanne-Eugénie Dronier, fille de Claude-Antoine Dronier, seigneur du Villars (1) et de Pratz (2), six enfants : trois garçons et trois filles.

Suivant les traditions, le fils aîné, François-Louis, né le 6 juillet 1750, devait perpétuer le nom et hériter de toute la fortune, tant des domaines que son père possédait en Bourgogne, que des biens considérables que sa mère avait apportés en dot, et qui se trouvaient en Franche-Comté. Il avait été inscrit, à l'âge de 14 ans, à l'Ecole de la Compagnie des Chevau-légers du Roi ; mais il devint souffrant, et les médecins lui interdirent le mariage.

Le cadet, Jean-Baptiste, était entré dans les ordres.

Il fallut donc s'adresser, contre tout usage, au troisième des fils, Pierre de Lamartine, né le 21 septembre 1751, pour ne pas laisser s'éteindre le nom de la famille.

Le 11 mai 1769, il obtenait un brevet de sous-lieutenant dans le régiment de Dauphin-Cavalerie ; il était lieutenant en second, le 18 juin 1776 ; lieutenant en premier, le 14 février 1779 ; capitaine en second, le 12 juillet 1781 ; capitaine, le 9 mars 1788. Il n'y avait plus qu'à le marier.

Il épousa, le 7 janvier 1790, Françoise-Alix des Roys. Il avait 38 ans ; la jeune mariée en avait 19.

(1) Canton de Saint-Claude (Jura).
(2) Canton de Moirans (Jura).

LE PÈRE DE LAMARTINE

Cl. Petit, à Mâcon.

FRANÇOISE ALIX DES ROYS
1770-1829

Née à Lyon, le 8 novembre 1770, morte à Mâcon, le 16 novembre 1829; fille de Messire Jean-Louis des Roys, seigneur de Rieux (1), intendant des Finances et commissaire général du duc d'Orléans; et de Dame Marie, dite Marguerite Gavault, ancienne sous-gouvernante des Princes enfants du duc d'Orléans. Mère de Lamartine.

Ce portrait est une miniature qui représente la mère de Lamartine dans le costume assez sévère de chanoinesse-comtesse du Chapitre de Salles. Lamartine avait fait monter ce portrait en couvercle sur une tabatière qui appartient actuellement à l'un des héritiers de Mme de Parseval, sa petite-nièce.

Pour qu'une jeune fille fût admise à achever son éducation au Chapitre noble de Saint-Martin de Salles (2), elle devait faire la preuve d'un certain nombre de quartiers, tant du côté maternel que du côté paternel. Sur la présentation de sa mère et du duc d'Orléans, Mlle des Roys y entra en 1784. Elle y retrouva sa sœur ainée, Césarine; elle y rencontra Suzanne de la Martine du Villars, fille de Louis-François de la Martine, de Montceau, et se lia avec elle.

La vie n'était pas sévère à Salles : il y avait des distractions... et des visites. Le chevalier de Pratz, Pierre de Lamartine, le plus jeune des fils de Louis-François, venait souvent voir sa sœur du Villars. Il rencontra auprès d'elle Mlle des Roys, fut charmé, sut plaire, et ce fut l'origine du mariage qui, après diverses péripéties, fut célébré, le 7 janvier 1790, dans l'église d'Ainay, à Lyon.

On peut voir, dans une vitrine du Musée de Mâcon, le ruban de faille grenat, liséré d'or, auquel était suspendue la croix de chanoinesse de Mme du Villars.

(1) Canton de Montmirail (Marne).
(2) En Beaujolais, à 9 km. de Villefranche-sur-Saône.

LA MÈRE DE LAMARTINE

Cl. Petit, à Mâcon.

PORTRAIT DE LA MÈRE DE LAMARTINE A LA FIN DE SA VIE

CETTE miniature, qui représente Mme de Lamartine, en costume de la Restauration, se trouve dans le cabinet de travail de Saint-Point.

A la fin du portrait de Mme de Pratz à quarante-cinq ans, qu'elle a tracé avec émotion, Mme Delahante a écrit: « Je l'ai toujours vue mise de la même manière ; elle ne portait que des robes de taffetas puce. »

C'est bien un vêtement de cette nuance qu'on lui voit ici. C'est encore d'une douillette en taffetas puce qu'elle se dévêtit pour entrer dans le bain où elle trouva une mort tragique (Mâcon, 16 novembre 1829). Ce dernier vêtement de Mme de Lamartine mère était précieusement conservé par Mme de Parseval, née de Pierreclos.

Auprès de lui étaient rangés les douze petits cahiers, différents de format et de grosseur, qui renferment le *Journal intime* de Mme de Lamartine. Par un rapprochement bien fait pour aiguiser la curiosité, ces douze cahiers reposaient sur le *Manuscrit de ma Mère*, écrit de la main de Lamartine. Ce dernier fut préparé par le poète qui n'eut pas le temps de le publier; il parut après sa mort, en 1871 ; il ne contient que des fragments écourtés et remaniés du *Journal intime*. Il a été légué par Mme de Parseval à l'Académie de Mâcon.

Le véritable *Manuscrit de ma Mère* a été écrit de 1800 à 1829, sans souci d'art ni de composition; mais sa valeur documentaire est considérable: c'est un tableau soigneusement daté, minutieux, scrupuleusement exact, de tous les événements qui concernent Lamartine, pendant ses quarante premières années, et son entourage. Il a été légué par Mme de Parseval à l'un de ses neveux.

Au-dessous du portrait de Mme de Lamartine (page 13), on voit sa signature; c'est celle qu'elle apposa sur le registre de l'abbé Dumont, desservant de Bussières et de Milly, le 10 octobre 1810, à l'occasion du baptême d'une cloche dont elle était marraine.

LA MÈRE DE LAMARTINE
DANS LES DERNIÈRES ANNÉES DE SA VIE

MAISON NATALE DE LAMARTINE A MACON

Au moment de la naissance du poète, les Lamartine possédaient deux immeubles à Mâcon : l'un était situé rue de la Croix-Saint-Girard — sous la Révolution, rue Solon — actuellement 3, rue Bauderon-de-Senecé ; c'est celui que montre la figure de la page 19. L'autre se trouvait 18, rue des Ursulines — pendant la Terreur, rue Jean-Jacques-Rousseau. On le voit page 17, sur la reproduction d'une photographie de M. Mignot, déjà publiée par le *Magasin pittoresque* et par l'*Album du Centenaire*, de M. Lex.

En réalité, les deux immeubles ne constituaient qu'une seule propriété, située entre deux rues, et ils communiquaient entre eux par un passage étroit et une petite cour humide.

Au-dessus de l'arc en accolade de la porte d'entrée du 18 de la rue des Ursulines, on voit une plaque de marbre noir qui a été placée à la suite d'une délibération du Conseil municipal de Mâcon, en date du 1er février 1870, et sur laquelle est gravée l'inscription suivante :

ICI EST NÉ

ALPHONSE-MARIE-LOUIS

de LAMARTINE

le 21 Octobre 1790.

M. Paul Maritain, dans un travail lu à l'Académie de Mâcon (1), le 6 octobre 1898, en discutant certains textes des *Confidences*, du *Manuscrit de ma Mère* et des *Mémoires inédits*, a soutenu que le poète était né au 3 de la rue Bauderon-de-Senecé ; mais M. Pierre de Lacretelle (2) a, plus récemment, produit des documents qui montrent, sans discussion possible, que la décision du Conseil municipal de Mâcon ne doit pas être revisée, et que la maison natale est bien le 18 de la rue des Ursulines.

(1) *Annales de l'Académie de Mâcon*, 3e série, tome III, 1898.

(2) P. de Lacretelle : *Les origines et la jeunesse de Lamartine*, Hachette 1911.

MAISON NATALE DE LAMARTINE
A MACON

MAISON FAMILIALE DES LAMARTINE A MACON

L'HÔTEL de la rue Bauderon-de-Senecé était la maison familiale ; c'est là qu'habitait Louis-François, avec sa femme et ses six enfants. Au moment du mariage de son fils Pierre avec Mlle Des Roys, il logea le jeune ménage dans la maison de la rue des Ursulines; ils y passèrent l'hiver de 1790.

Quand Louis-François mourut, le 11 mai 1797, âgé de quatre-vingt-six ans, sa succession fut partagée entre tous les enfants. L'abbé Jean-Baptiste-François de Lamartine reçut le domaine de Montculot, près de Dijon, et la petite maison de la rue des Ursulines; il la prêta au chevalier qui demeurait toute l'année à Milly, mais venait à Mâcon passer l'hiver, pour y compléter l'instruction de ses enfants.

Lamartine hérita cette maison de son oncle dont il fut le légataire universel. Il la vendit 4.000 francs, en 1828, à M. Farraud, curé de Saint-Vincent de Mâcon.

L'hôtel de la rue Bauderon-de-Senecé resta indivis, et tout le monde s'y réunissait l'hiver. Toutefois, à partir de 1805, le père de Lamartine dut essaimer ailleurs : sa famille était devenue trop nombreuse pour que tous pussent s'y loger commodément. Il acheta, pour 29.615 francs, l'hôtel de M. Barthelot d'Ozenay, situé dans la rue de l'église Neuve, aujourd'hui, 15, rue Lamartine. C'est là que moururent le père et la mère de Lamartine; c'est là que se marièrent ses sœurs. Le poète dut vendre cette maison, le 18 novembre 1847, à M. Laurent Calmels.

Dans l'intervalle, il avait recueilli l'hôtel de la rue Bauderon-de-Senecé, par suite du partage des biens de François-Louis de Lamartine (1827) et du testament de sa tante Marie-Anne-Charlotte-Eugénie de Lamartine (1833). Il la vendit, en 1861, à Mme de Glans de Cessiat, une de ses sœurs, au prix de 50.000 francs.

MAISON FAMILIALE DES LAMARTINE
A MACON

Cl. Edmond, à Mâcon.

L'ACTE DE BAPTÊME
DE LAMARTINE

Nous possédons deux actes de baptême de Lamartine : l'un a été écrit par l'abbé Focard, curé de Saint-Pierre, de Mâcon; il est inscrit sur le *Registre des baptêmes, mariages et sépultures de la paroisse de Saint-Pierre* pour l'année 1790, conservé aux archives de la ville de Mâcon; c'est celui que reproduit la photographie de la page 21. L'autre est une copie du premier, faite par le vicaire, l'abbé de la Font; il appartient aux archives du greffe du tribunal de Mâcon. Les deux exemplaires ne diffèrent guère que par quelques variantes d'orthographe.

L'acte est signé : Gavault Des Roys; Lamartine fils; Lamartine père; Lamartine Duvillars, chanoinesse; Boyer de Ruffé; Noly V⁰ᵉ De Prusilly; Laviefville de Rambuteau; Barthelot de Rambuteau; Rambuteau fise (1); Focard curé.

Lamartine est donc né à Mâcon, le 21 octobre 1790.

L'enfant était d'une constitution très délicate, et pendant quelque temps, il inspira de vives inquiétudes à sa mère. On lit, dans le *Journal intime* de Mᵐᵉ de Lamartine, que quelques heures après sa naissance, l'enfant fut porté au couvent des Ursulines, situé en face de la maison natale. La supérieure de la Communauté était Mᵐᵉ de Luzy, vieille grand'tante du nouveau-né qu'elle présenta à la chapelle de la Sainte Vierge, pendant que toutes les religieuses priaient pour lui.

---

(1) L'enfant qui a signé ainsi, avec une inexpérience et une fantaisie orthographique qu'explique son âge, avait alors 9 ans ; c'était le futur Préfet de la Seine.

364.

Delamartine

Le vingt deux octobre 1790 a été baptisé alphonse marie louis né d'oyer fils de pierre de lamartine capitaine de cavalerie au régiment dauphin, et de françoise alexis des roys son épouse,
le parrain a été louis françois delamartine chevalier de l'ordre royal et militaire de St louis
cy devant élu de la noblesse du pays et comté de maconrois, seigneur de monceaux et —
autres lieux demeurant en cette paroisse ayeul paternel malade et représenté par françois
louis delamartine son fils ainé cy devant officier de la maison militaire de sa majesté
seigneur de montculot nery et autres lieux résidant en cette paroisse: et la marraine —
dame marguerite Dareau cy devant sous gouvernante des prince de la maison d'orleans,
épouse de jean louis desroys cy devant écuyer seigneur de vieux et autres lieux résidant
ordinairement à paris paroisse St eustache ayeule maternelle qui ont signé avec le père.

Gauault Desroys   Lamartine fils   Lamartine père   Lamartine Duvillon
Joyer de cuff   ...   Bastelot de ramburaa   ...
Tovard curé

L'ACTE DE BAPTÊME DE LAMARTINE

Cl. Edmond, à Mâcon.

LA PRISON
DES CI-DEVANT URSULINES

A la Révolution, les propriétés des Lamartine furent mises sous séquestre, le 13 août 1792.

Louis-François, qui avait 83 ans, ne fut pas détenu : pendant tout l'orage, il demeura avec sa femme dans son domaine de Péronne. Ses trois fils furent enfermés dans les prisons de Mâcon et d'Autun.

Le chevalier de Pratz fut incarcéré à la prison des Ursulines de Mâcon, le 5 octobre 1793, transféré, le 28 janvier 1794, aux Visitandines d'Autun, puis mis en liberté, le 30 octobre, avec ses deux sœurs. La prison où il fut d'abord enfermé, à Mâcon, avait été installée dans le couvent des ci-devant Ursulines, dont j'ai eu à parler au sujet de la naissance de Lamartine. Elle était située juste en face de la maison natale, de l'autre côté de la rue étroite et sombre, et cette circonstance fut utilisée par Lamartine pour raconter, dans les *Confidences*, des incidents émouvants dans l'exposé desquels l'imagination a plus de part que l'exactitude.

LA RUE DES URSULINES A MACON

Cl. H. Cerf.

<u>*L'ENFANCE*</u>
<u>*MILLY*</u>

LAMARTINE A 8 ANS

E portrait est un dessin au crayon fait par Mme **Carra**
de Vaux, née des Roys, tante maternelle de Lamartine. L'original appartient à Mme Fournier, née de
Belleroche, petite-nièce de Lamartine. Il y en a une très
belle copie au Musée de Mâcon, publiée dans l'Album du
Centenaire, et que je reproduis ici.

Ce portrait est peu connu. Il montre Lamartine à l'âge
où, bon petit gars de Milly, il se rendait à l'école de l'abbé
Dumont, en compagnie des autres enfants de son village.

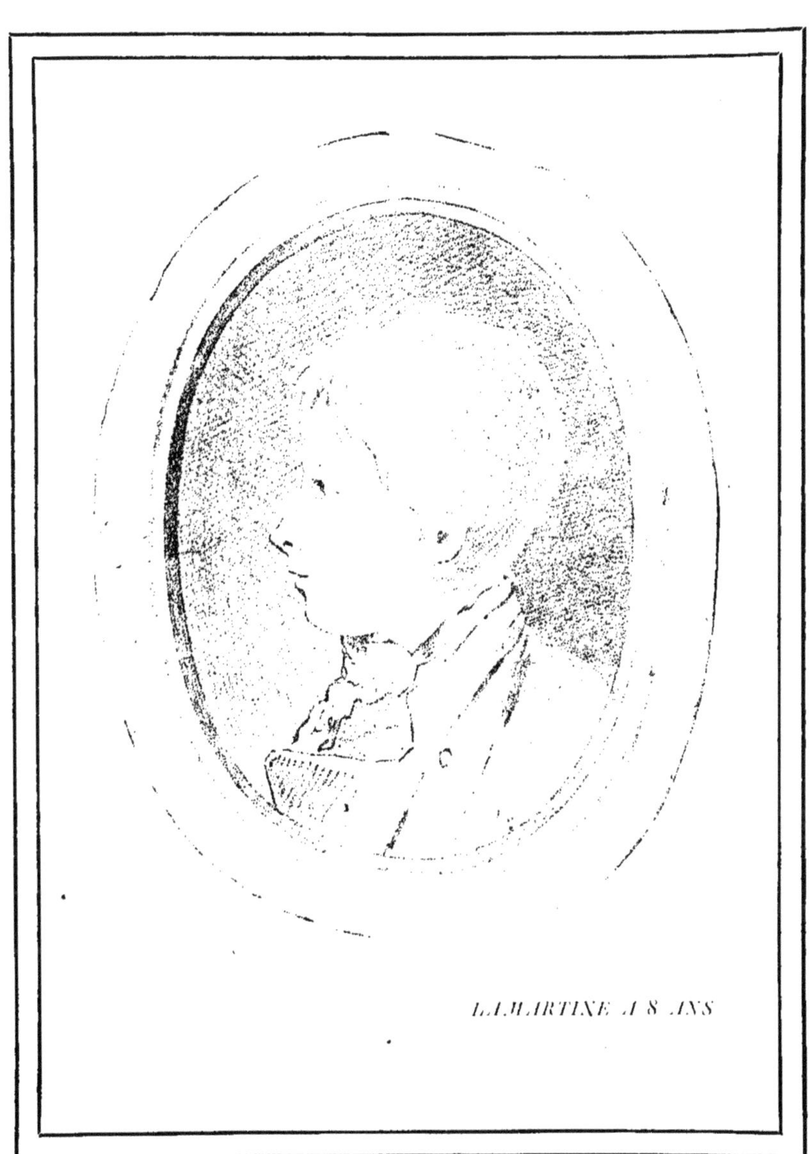
LAMARTINE A 8 ANS

LE PAYS DE MILLY
LE BUSTE DE LAMARTINE A MILLY

MILLY est à 14 kilomètres de Mâcon (canton nord). C'est un tout petit village d'une trentaine de maisons qui se pressent autour de l'église au vieux clocher quadrangulaire surmonté d'une pyramide de pierres moussues.

Le tout est rassemblé sur une haute vallée, entre deux montagnes : le Monsard, qui le surplombe au sud-ouest; le Craz, à l'est, sur les premières pentes duquel s'appuie la maison de Lamartine. Partout des vignes, encloses de petits murs faits de pierres grises et rougeâtres non cimentées. Quelques prés, où gambadent des chèvres. De nombreuses petites routes pierreuses, aux contours brusques; beaucoup de sentiers rocailleux. Pas de rivière; très peu d'arbres.

C'est, l'été, une campagne de Grèce ou de Sicile, un paysage arcadien, qui, au milieu des brouillards de l'hiver, devient un site d'Ossian. M. Félix Reyssié a fait de cet aspect si spécial une analyse très pénétrante dans son beau livre : *La jeunesse de Lamartine.*

La page 29 donne deux vues du pays de Milly ; celle d'en haut montre l'entrée nord du village, avec le Monsard à gauche. Celle du bas montre l'entrée sud de Milly.

Le bouquet d'arbres, qui est au centre de la photographie placée en bas de la page 31, est constitué par le parc qui a remplacé le potager de la maison de Lamartine; nous sommes ici sur les premières pentes du Craz. Au fond, le Monsard. La flèche de l'église se dégage au-dessus des arbres du parc.

La maison de Milly fut un véritable lieu de pèlerinage pour Lamartine ; il y retrouvait, vivace, le souvenir de sa mère; il venait méditer avec son esprit qu'il y sentait toujours présent; il y amenait ses intimes.

Ce pays eut toujours une place de prédilection dans le

LE PAYS DE MILLY

Cl. Bourgeois, à Chalon-sur-Saône.

LE PAYS DE MILLY

Cl. H. Cerf.

cœur de Lamartine ; tant de souvenirs l'y rattachaient ! C'est dans es sentiers caillouteux qu'il vagabondait avec les enfai. du village, un morceau de pain noir et un fromage de chèvre dans son bissac. C'est sur le sommet du Monsard qu'il avait vu son père lire Platon avec l'abbé Dumont et M. Bruys de Vaudran ; c'est assis au milieu des chênes qui couronnent le Craz qu'il avait écrit sa Méditation de l'*Isolement*.

Nulle part, ailleurs, il ne trouva semblable consonance entre la nature et son cœur. C'est ce qu'expriment bien les deux brèves inscriptions gravées sur le piédestal qui supporte le buste fait par le sculpteur mâconnais, inspiré de celui d'Adam Salomon, et qui est placé à l'entrée sud de Milly. D'un côté, on lit : « C'est là qu'est mon cœur. » De l'autre : « Tout s'y souvient de moi. »

La commune a voulu ratifier cette dernière affirmation du poète, quand elle a décidé de modifier son nom ; elle s'appelle maintenant : Milly-Lamartine.

BUSTE DE LAMARTINE A MILLY

Cl. Bourgeois, à Chalon-sur-Saône.

LA MAISON DE MILLY, VUE DU CRAZ

Cl. H. Cerf.

LA MAISON DE MILLY

LA maison de Milly fut construite, au début du XVIIIe siècle, par le trisaïeul de Lamartine, Jean-Baptiste, qui était le chef de la branche cadette des Lamartine. La maison de Milly vint de lui, par héritage direct, de père en fils, successivement à Philippe-Etienne de la Martine, puis Louis-François de la Martine. Celui-ci donna le domaine en dot à son fils Pierre de la Martine.

Le poète en devint propriétaire à son tour, à la suite du partage que son père fit de tous ses biens entre ses six enfants le 17 février 1830.

Lamartine garda Milly le plus longtemps qu'il put; mais les difficultés financières au milieu desquelles il se débattait l'obligèrent à le vendre, le 18 décembre 1860, à M. P. Mazoyer, propriétaire à Cluny. Ce fut pour lui une véritable douleur; dans une lettre datée de Montceau et adressée à M. Desplaces, président de l'Académie de Mâcon, le 8 décembre 1860, il écrit : « J'ai vendu hier mon cher Milly, moëlle de mon cœur. » La résignation avec laquelle il dut accepter ce lourd sacrifice lui fait dire, dans une autre lettre que j'ai lue dans la maison même de Milly : « Une fois la coquille de l'œuf brisée, le passereau n'y rentre plus. »

En 1861, M. P. Mazoyer échangea la terre de Milly avec M. Daux, notaire à Saint-Sorlin, contre un domaine situé à Saint-Gengoux-de-Scissé (canton de Lugny, Saône-et-Loire). Ce dernier la donna en dot à sa fille, mariée à M. Claude Sornay, Maire de Milly et conseiller général de Saône-et-Loire. Leur fils, M. Abel Sornay, vice-consul de France, en est actuellement propriétaire.

33

LA CUISINE DE LA MAISON
DE MILLY

L A physionomie extérieure de la maison de Milly n'a
guère changé. Cependant les volets verts sont maintenant gris.

L'aire dallée où l'on battait le blé, au centre de la cour
d'entrée, a été remplacée par un vaste massif de fleurs. -

Les murs de la maison sont entièrement recouverts de
plantes grimpantes, et, en particulier, la façade nord est
tapissée des vigoureuses ramifications du lierre que planta
Mme de Lamartine qui ne voulait pas que son fils ait menti
quand, dans son Harmonie : *Milly ou la terre natale,* il avait
décrit, sur le mur nord, humide et froid, de la maison, un
lierre qui n'existait pas.

La charmille se voit toujours à l'angle nord-ouest du
jardin.

Pour entrer dans la maison, on monte les cinq marches
disjointes du même perron; mais, au milieu des ornements
de fer forgé qui forment l'imposte de la porte, on ne voit
plus les armes de la branche cadette des Lamartine. La
Révolution a vidé de ses meubles l'écu qui reste là, timbré
de son casque de baron.

Nos exigences modernes ont entraîné quelques modifications intérieures; mais ce sont les mêmes plafonds aux
poutres apparentes, et, sous les épais tapis, on devine
encore le carrelage du plancher.

Au salon : un bahut, des sièges, une magnifique commode
qui appartenaient à Lamartine; une table sur laquelle il
écrivait.

Enfin, la cuisine a été entièrement conservée sans la
moindre modification; elle est telle quelle, avec sa grande
table et ses deux bancs, avec sa grande cheminée, que
montre notre planche.

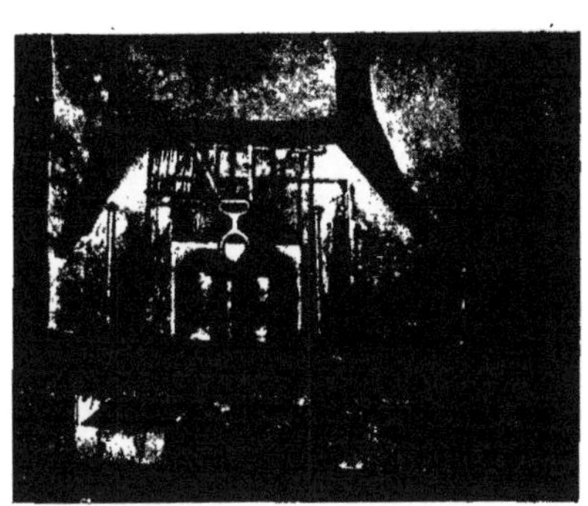

*CHEMINÉE DE LA CUISINE
DE MILLY*

Cl. H. Cerf.

LA CUISINE DE LA MAISON DE MILLY

Cl. H. Cerf.

PREMIÈRES IDYLLES

LAMARTINE ET LUCY L...
AU CHATEAU DE BYONE

L'ACTUEL château de Byone fut bâti, au commencement du XVIIIe siècle, sur l'emplacement de l'ancienne tour de Byone, par Jacques Chossat de Montburon, écuyer, seigneur de la Tour de Sologny et de Verneuil.

Il se trouve au bas du village de Sologny, à 2 kilomètres de Milly. Abrité par de grands arbres, il est bordé d'une terrasse qui domine une prairie (première photographie de la page 39). Il est habité par Mme Flamant, fille de M. Richard, qui l'avait acheté en septembre 1835.

C'est là que se passa la délicieuse idylle, racontée avec tant de charme, au début des *Confidences*, et qui eut pour acteurs Lamartine, alors âgé de 16 ans, et la jeune Lucy qui en avait 13.

Toutes les grandes lignes de ce gracieux récit sont vraies : l'aventure elle-même, les personnages, les sentiments et les dispositions d'esprit des deux enfants, les lieux où se déroule l'idylle. J'ai parcouru le chemin pierreux qui conduit de Milly à Sologny, traversé le bouquet de chênes, reconnu la prairie et le ruisseau qui devient torrent, l'hiver. J'aurais pu escalader la terrasse, si le murger qui y aboutissait n'avait été modifié. Enfin, j'ai fait photographier (Fig. 2 de la page 39) la porte basse par laquelle la jeune Lucy s'était échappée pour venir retrouver son voisin de campagne. Cette porte donne dans la même cuisine où aboutit l'escalier qui conduit à l'étage supérieur. M. Girard avait cloué, sur la paroi intérieure de cette porte, un écriteau sur lequel on lit encore cette inscription : « Porte basse exhaussée en 1789, par laquelle sortait Lucy L... en se rendant sur la terrasse où l'attendait Lamartine. Novembre 1808 ».

Cette inscription offre des inexactitudes qu'on a pu rectifier, grâce à l'étude minutieuse publiée par M. de Riaz (1), et que je suivrai dans cet exposé.

(1) HENRI DE RIAZ ; *Annales de l'Académie de Mâcon*, 3e série, tome XIV, pages 99 et suivantes.

LE CHATEAU DE BYONE

Cl. H. Cerf.

LA PORTE BASSE DU CHATEAU DE BYONE

Cl. H. Cerf.

Tout d'abord, l'épisode n'a pu se passer en 1808, car, à
cette date, la pauvre petite Lucy était morte. Il doit se
placer à l'automne de 1806, que Lamartine vint passer à
Milly, après un gros succès scolaire à Belley.

Sa petite voisine de campagne s'appelait en réalité Marie-
Louise-Elisabeth-Elzéarine de Villeneufve d'Ansouis. C'était
la fille d'un jeune officier, le marquis Louis-Elzéar de Villeneufve, capitaine en garnison à Lyon, qui s'était marié, le
22 Avril 1793, à Bourg-en-Bresse, à Marie-Thérèse Chossat
de Montburon, fille du propriétaire du château de Byone,
née le 22 août 1777.

Le capitaine était attaché au général de Précy en qualité
d'aide de camp, au moment où la ville de Lyon tentait de
résister à l'attaque des révolutionnaires. Quand la ville fut
prise par les Bleus, il s'échappa à cheval, portant en croupe
sa jeune femme qui avait un peu plus de 16 ans. Il fut pris
par deux volontaires de la République, au village de Curis,
condamné à mort, le 12 octobre 1793, et exécuté dans les
vingt-quatre heures.

La jeune veuve retourna dans sa famille, à Byone. Trois
mois après, naissait une fille, en compagnie de laquelle
Lamartine joua pendant son enfance, avec laquelle il voulut,
un soir, réciter des vers d'Ossian.

Peu de temps après son innocente aventure, Elisa de Villeneufve mourut, âgée de 13 ans, le 2 mars 1807, à Paris,
chez sa mère. Celle-ci, inconsolable, fit embaumer le corps
de sa fille, et on le transporta dans une maison de campagne qu'elle possédait à La Chapelle, dans la banlieue de
Paris. Il y resta jusqu'en juillet 1811. Il fut alors enfermé
dans un cercueil de verre et amené au château de Byone,
et on le déposa dans la chapelle, sur des tréteaux de fer,
près de l'autel. Cette chapelle existe toujours. Enfin, le
2 octobre 1820, le corps fut inhumé dans le cimetière de
Sologny, auprès de l'église, dans l'angle formé par le chœur
et le clocher. On n'en retrouve plus trace actuellement.

La page 41 reproduit un portrait d'Elisa de Villeneufve,
qui appartient à Mme veuve de Sérézin, au château de
Mogneneins, près de Thoissey (Ain).

ELIZA DE VILLENEUVE D'ANSOUIS

LAMARTINE A 20 ANS

Ce portrait de Lamartine à 20 ans a été dessiné au Grand-Lemps par Mlle Stéphanie de Virieu; il a été reproduit dans le livre de M. Henry Bordeaux : *Au pays des Amours de Lamartine* (Rey, éditeur, Grenoble).

La signature que donne notre planche a été empruntée au même document que la signature de Mme de Lamartine mère (voir page 12).

ALPHONSE DE LAMARTINE A 20 ANS

LAMARTINE A 21 ANS

L A pierre lithographique sur laquelle est gravé ce portrait se trouve sur le bureau de Lamartine, dans son cabinet de travail de Saint-Point.

C'est Lamartine, à l'âge de 21 ans, au moment du voyage en Italie.

Il arriva à Naples, fin novembre 1811, et n'en repartit qu'au commencement d'avril 1812. C'est dans cet intervalle que se place l'épisode de Graziella.

Sa famille l'avait recommandé à un parent, M. Dareste de la Chavanne, directeur de la manufacture des tabacs à Naples. Celui-ci l'accueillit et le logea chez lui, rue San Pietro-Martyr, près de la Marine. Parmi les cigarières se trouvait la fille d'un pêcheur de Procida; la jeune italienne et le jeune mâconnais se rencontrèrent; elle l'aima à en mourir.

Quant à ceux qui se demandent si Graziella a réellement existé, ils n'ont, pour se faire une conviction, qu'à regarder, page 45, la photographie du voile qui recouvrait sa tête, et qu'elle donna à son amant. C'est la coiffure ordinaire des filles du peuple à Naples, un mouchoir en cotonnade d'un rouge fané, orné de dessins jaunes; il est enfermé dans le secrétaire du cabinet de travail de Saint-Point.

PORTRAIT DE
LAMARTINE
A 21 ANS

Cl. Bourgeois.

LA COIFFURE
DE
GRAZIELLA

Cl. H. Cerf.

LE LAC

PORTRAIT D'ELVIRE

Julie-Françoise Bouchaud des Hérettes, née à Paris, le 4 juillet 1784, fille de Sébastien-Raymond Bouchaud et de Marguerite-Jeanne de Bergey, mariée le 25 juillet 1804, à Saint-Paterne (Indre-et-Loire), à Jacques-Alexandre-César Charles.

Cette miniature a été faite par Elouis, entre 1807 et 1811. Elle a été retrouvée par M. Léon Séché, à La Flèche, chez l'héritier de René Blon, ancien valet de chambre de M. Charles. Elle appartient à M. Alphonse Séché, qui a bien voulu m'autoriser à la reproduire.

Quand Julie posa devant Elouis, elle avait environ 25 ans. Vêtue de blanc, sous son chapeau rose, le front petit, le nez droit, les lèvres minces, elle répond assez exactement à la description de Lamartine dans *Raphaël*.

JULIE-FRANÇOISE BOUCHAUD DES HÉRETTES

Miniature d'Élouis.

Coll. de M. Alphonse Séché. Cl. Hachette.

LA PENSION CHABERT

L'AQUARELLE dont le Syndicat d'Initiative d'Aix a bien voulu me communiquer une photographie date de 1823 ; elle représente la pension Perrier à l'époque même du séjour simultané de Lamartine et de celle que le poète devait immortaliser sous le nom d'Elvire.

Comme tous les habitants d'Aix, le chirurgien Pierre-François Perrier louait, pendant l'été, des chambres aux baigneurs. La proximité de l'établissement de bains, les relations du chirurgien avec ses confrères faisaient que sa pension de famille était fort bien achalandée. Il mourut en 1833, laissant sa maison à sa nièce, Julie Lacroix, qu'il avait dotée et mariée en 1822 à un contrôleur des émoluments de Chambéry, nommé Claude Chabert.

La pension Perrier devint ainsi la pension Chabert.

Claude Chabert mourut en 1841 ; sa femme, en 1868. Leur fille, Mlle Alexandrine Chabert, hérita de la «pension» et la conserva jusqu'à sa mort (1891) ; elle la légua à sa cousine, Mme Coulan, dans la famille de laquelle elle resta jusqu'en 1920, où la ville d'Aix-les-Bains l'acheta.

La maison a été modifiée depuis le séjour de Lamartine ; elle a été surélevée d'un étage ; mais elle a conservé son portail, « sa cour aux colonnes de bois soutenant sa longue galerie, ses fenêtres au midi où s'accoudaient Lamartine et Elvire, et la treille du jardin où ils se rencontrèrent pour la première fois » (1).

(1) Dr L. Duvernay : *Chronique aixoise. Mémoires et Documents publiés par la Société savoisienne d'Histoire et d'Archéologie*, 1922.

LA PENSION PERRIER EN 1823

LA CHAMBRE D'ELVIRE
ET LA CHAMBRE DE LAMARTINE

LES deux photographies que je dois à l'obligeance du Comité d'Initiative d'Aix montrent la chambre d'Elvire et celle de Lamartine, telles qu'on les voit actuellement dans la pension « Perrier » devenue la « Maison Lamartine » depuis son acquisition par la Ville.

C'est sur une ordonnance de leur voisin et ami, le docteur Pascal, de Saint-Sorlin (aujourd'hui La Roche-Vineuse), que Lamartine, malade, alla se reposer et se soigner à Aix ; il y arriva dans les premiers jours d'octobre 1816.

Mme Charles y était depuis le 17 septembre. C'était également son médecin traitant, le docteur Alin, qui lui avait conseillé de s'installer dans la pension du chirurgien Perrier.

La chambre de Lamartine se trouva contiguë à l'appartement de Julie. Il avait 26 ans ; elle en avait 32.

Tous deux repartirent d'Aix, le 27 octobre.

Lamartine y revint seul, en septembre 1817, et c'est pendant ce second séjour qu'il y écrivit *Le Lac*.

Mme Valentine de Lamartine a publié la première version du *Lac*, avec les deux strophes qui avaient été supprimées ; elle est datée d'Aix-en-Savoie, septembre 1817, et elle a pour titre : *Ode au lac de B...*

CHAMBRE D'ELVIRE, A AIX

Cl. Noël Le Noir.

CHAMBRE DE LAMARTINE, A AIX

Cl. Noël Le Noir.

LE CRUCIFIX
LE MANUSCRIT DU CRUCIFIX

MADAME Charles mourut le jeudi 18 décembre 1817, à midi. Elle avait trente-trois ans et cinq mois.

Ni Lamartine, ni Virieu n'étaient auprès d'elle. Aymon de Virieu était chez lui, au Grand-Lemps. Depuis octobre, Lamartine était à Milly, tenu au courant de la marche progressive de la maladie par le D' Alin qui lui avait écrit, le 29 octobre et le 14 novembre. Le jour même où les funérailles se déroulaient à Saint-Germain-des-Prés (19 décembre 1817), Lamartine lisait à l'Académie de Mâcon son ode à *la Gloire*.

Ce fut le 25 décembre que Lamartine reçut une lettre du docteur Alin, datée du 21, qui lui annonçait la mort de la jeune femme. Le docteur devait lui récrire, le 8 janvier, pour donner des détails sur les derniers moments.

Julie, dirigée par M. de Bonald, assistée par l'abbé de Keravenant, curé de Saint-Germain-des-Prés, était morte chrétiennement, et Amédée de Parseval put apporter à Lamartine le crucifix qu'elle avait embrassé sur sa couche funèbre.

Cependant, dès le lendemain de la réception de la lettre du docteur Alin, le 26 décembre, Lamartine transmit la nouvelle à Virieu qui se préparait à partir pour Paris, et lui demanda de presser son départ.

Virieu quitta aussitôt le Grand-Lemps, s'arrêta quelques jours auprès de Lamartine et, le 12 janvier 1818, prit à Mâcon la diligence pour Paris. A peine arrivé, le 16, il alla trouver Mme de Drais qui était restée auprès de Julie pendant ses derniers moments. Le 17, il était chez M. Charles qui lui remit un petit paquet et deux enveloppes cachetées que sa femme lui avait confiés avant de mourir, en le priant de remettre le tout à Virieu. Les enveloppes contenaient les lettres de Lamartine; le paquet renfermait ses poésies manuscrites et son portrait. Le lendemain, 18 janvier, Virieu envoyait les précieux souvenirs à son ami.

LE CRUCIFIX D'ELVIRE

Cl. Petit, à Mâcon.

Le physicien Charles mourut le 7 avril 1823, à l'Hôtel de
Bouillon, 17, quai Malaquais. Son tombeau est au Père-
Lachaise; il y fut enterré seul. On n'a pas encore pu préci-
ser le cimetière provincial où repose Julie.

Le crucifix se trouve à Saint-Point, dans la chambre à
coucher de Lamartine, sur une table, entre les deux fenêtres
sud.

Les quatre lettres du docteur Alin dont il a été parlé dans
cette notice, ont été confiées au secrétaire de son cabinet de
travail. Elles sont enfermées dans un carnet de cuir noir,
doublé de satin blanc, qui sert également de reliquaire à
quatre lettres d'Elvire, reposant sur une mèche de cheveux
donnée par celle qui les avait écrites. Elles sont tracées
sur des feuilles doubles d'un papier mince à tranche dorée.

La première de ces lettres fut écrite le mercredi,
25 décembre 1816, à l'issue de la soirée où Lamartine et
Julie se revirent pour la première fois, après le séjour d'Aix.
La suivante fut écrite le 1er et le 2 janvier 1817. La troisième
est datée du jeudi soir, 2 janvier. Enfin, la dernière
(18 novembre 1817) est la lettre testamentaire de Julie.

M. Charles de Montherot, petit-neveu de Lamartine, et
alors propriétaire de Saint-Point, avait communiqué ces
lettres à M. René Doumic, qui, en 1905, publia à leur sujet
son beau livre: *Lettres d'Elvire à Lamartine*.

Notons enfin que le secrétaire du cabinet de travail de
Saint-Point contient également un exemplaire de l'*Imitation*
qui avait été remis à Lamartine, en même temps que le
crucifix. Lamartine avait écrit sur une page de garde : « Julie,
morte le 18 décembre 1817 ». C'est sur cet exemplaire que,
depuis la Toussaint jusqu'aux derniers moments, l'abbé de
Kéravenant, pour encourager Julie, lui avait lu, chaque jour,
un chapitre de l'*Imitation*.

Le manuscrit du *Crucifix* est à la Nationale. On y voit
une esquisse en prose tout à fait différente de la rédaction
définitive. (Lire l'étude de Jean des Cognets sur les manuscrits de Lamartine conservés à la Bibliothèque nationale,
Nouvelles méditations et harmonies poétiques.)

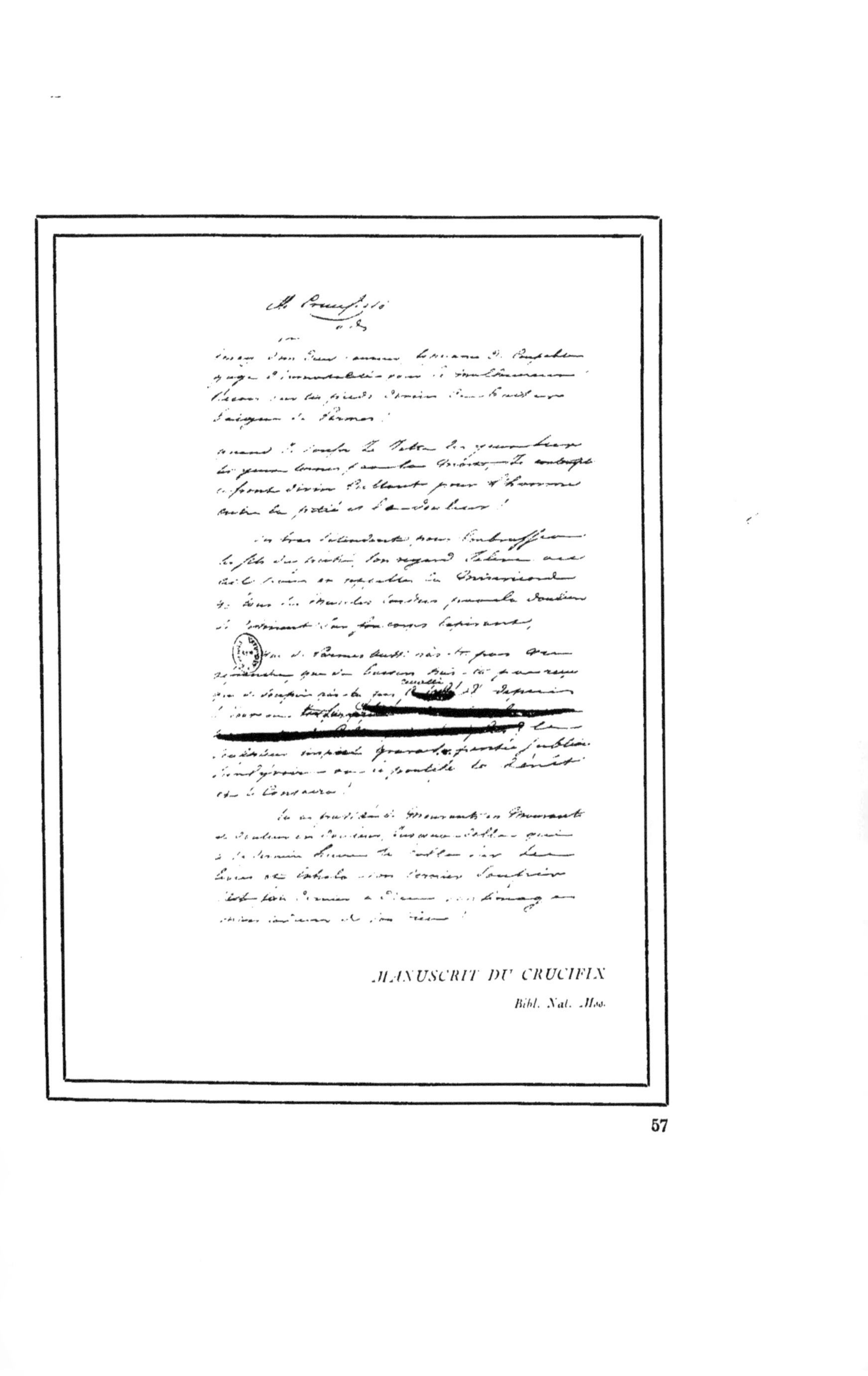

MANUSCRIT DU CRUCIFIX

Bibl. Nat. Mss.

LE MANUSCRIT DE RAPHAEL

RAPHAEL parut en 1849.

Nous avons deux manuscrits de cette œuvre : l'un est à la Bibliothèque de la Ville de Mâcon; l'autre à la Bibliothèque Nationale.

Le manuscrit de Paris est fragmentaire ; il ne contient que les deux derniers tiers du récit; il est antérieur à celui de Mâcon.

Ce dernier est complet; c'est le manuscrit 88 de la Bibliothèque de la Ville. Il constitue un volume de 169 folios 53 cm. × 28.

Les premiers folios sont écrits de la main de Mme de Lamartine, avec corrections de Lamartine. A partir du folio 61 jusqu'à la fin, tout a été écrit par Lamartine, sauf quelques rares interpolations.

Ce manuscrit est celui qui a servi à la composition typographique. Notre planche est une photographie d'une partie du folio 1. On y voit que le texte primitif de la première ligne portait : *Le vrai nom de cet ami dont on va lire quelques pages.* Lamartine a corrigé : *Le vrai nom de l'ami qui a écrit ces pages.* Cette dernière version est celle du texte imprimé.

Cependant le texte de l'édition princeps est, sur plusieurs points, différent de celui de ce manuscrit. Enfin, les diverses éditions imprimées de 1849 à 1863 comportent, elles aussi, des corrections et des variantes; ce qui montre combien Lamartine travaillait, remaniait ses textes, dans un labeur très actif et, le plus souvent, heureux.

Prologue

Le vrai nom de .... qui a écrit .... dans ces pages,
n'était pas Raphaël. Nous le lui donnions souvent par ....
ses autres amis et moi, parce qu'il ressemblait beaucoup dans son
adolescence, à un portrait de Raphaël enfant, peint ... à Rome
dans la galerie Barberini, à Florence dans le palais Pitti et à
Paris dans le musée du Louvre. Nous lui donnions aussi ce
nom parce qu'il avait pour trait distinctif de caractère
un sentiment si vif du beau dans la nature et dans l'art qu...

LE MANUSCRIT DE RAPHAËL (MACON)

Cl. Edmond, à Mâcon.

MADAME DE LAMARTINE

PORTRAIT DE MADAME
DE LAMARTINE

LAMARTINE épousa, le 5 juin 1820, une jeune Anglaise, Marie-Anne-Elisa Birch, fille de sir William Henri Birch, gentilhomme de S. A. R. le Prince de Galles, commandant du génie dans l'armée anglaise. Les Birch avaient pour armes trois fleurs de lis d'argent sur champ d'azur; pour timbre, un bourrelet d'azur et d'argent sommé d'une fleur de lis enlacée par une lisse au naturel (page 75).

Le mariage civil se fit à Chambéry, dans la maison de campagne de la marquise de la Pierre; le lendemain, la cérémonie religieuse fut célébrée dans la chapelle du gouverneur de Chambéry, le marquis d'Andezanné.

Mme de Lamartine n'était pas une beauté remarquable; mais elle avait de la grâce, un tact exquis et une intelligence supérieure. Il faut y joindre un réel talent de peintre et de sculpteur. Il y a, au Musée de Mâcon, une copie, signée d'elle, d'*Uranie* d'après le Guide, qui est très estimable.

Elle a enrichi l'église de Saint-Point d'une sainte Elisabeth et d'une sainte Geneviève.

MADAME DE LAMARTINE

Cl. Petit, à Mâcon.

QUELQUES ŒUVRES
DE MADAME DE LAMARTINE

ON retrouvera dans cet album plusieurs reproductions de ses œuvres ; mais la page 65 groupe une peinture d'elle et deux maquettes de sculpture.

En haut, à gauche, on voit la maquette du bénitier qui fut exécutée en marbre pour Saint-Germain-l'Auxerrois. Cette maquette, en assez mauvais état, se trouve à Saint-Point, dans le cabinet de travail; mais il y a un beau moulage de l'original au Musée de Mâcon.

En haut et à droite : une des deux statues de la Saône et de la Loire, destinées, en 1847, à être placées au-dessus de deux guérites construites de chaque côté de l'entrée du très beau pont qui, à Mâcon, est jeté sur la Saône. La rivière est, à cet endroit, la limite du département de Saône-et-Loire, qu'elle sépare du département de l'Ain. Le projet est intéressant et mériterait d'être repris. Ces deux maquettes sont conservées dans une vitrine du Musée de Mâcon.

En bas, le portrait de Fido, une peinture qui se trouve dans la chambre à coucher de Lamartine, à Saint-Point.

Lamartine adorait les animaux, et il écrivit un jour, à la comtesse de Boignes, une lettre exquise pour lui recommander « avec un sentiment tout paternel », un petit chien qu'elle désirait et qu'il avait élevé pour elle. Il était volontiers végétarien, pour ne pas tuer les animaux qui ont une âme. A Saint-Point, il y avait quantité d'animaux; les écuries contenaient une douzaine de chevaux; des oiseaux partout; de nombreux paons en liberté dans le parc.

Une meute de chiens, surtout de lévriers, l'accompagnait avec, en tête, gambadant joyeusement, le favori Fido, l'ami de Julia.

« De tous mes chiens, a écrit Lamartine, celui que j'ai le plus aimé et dont la mort m'a le plus affligé, c'est Fido. Cette mort m'a arraché un morceau du cœur. »

ŒUVRES DE MADAME DE LAMARTINE

Cl. H. Cerf et Cl. Edmond, à Mâcon.

FIDO, PAR MADAME DE LAMARTINE

Cl. Petit, à Mâcon.

SAINT-POINT

LE CHATEAU DE SAINT-POINT

Saint-Point est une petite commune qui, à 20 kilomètres de Mâcon, s'élève dans une vallée étroite, enserrée entre des chaînes de montagnes d'une altitude d'environ 700 mètres. Au milieu de la vallée, le château et l'église couronnent un coteau qui domine le bourg bâti à ses pieds.

Pierre de Lamartine acheta le château de Saint-Point à une adjudication publique, au Tribunal de première instance de l'arrondissement de Mâcon, le 10 février 1808, sur une enchère de 80.050 francs. Lamartine eut Saint-Point par une donation que lui fit son père à son contrat de mariage (1820), en suite du partage que fit son père entre ses six enfants, le 17 février 1830.

Par son testament, il avait institué sa légataire universelle, sa nièce, Mlle Valentine de Cessiat de Lamartine, qui en devint définitivement propriétaire, le 24 août 1870, à la suite d'une vente qu'entraîna l'acceptation du legs sous bénéfice d'inventaire. Le parc contenait alors 4 hectares, et le domaine était évalué à 62 hectares étendus sur les communes de Saint-Point et de Bourgvilain.

Mlle Valentine de Cessiat légua le domaine, par son testament, à ses trois nièces : Mlle de Belleroche, fille de Céline de Cessiat, mariée à M. Foulques Chastelain de Belleroche ; Mme Violot, fille de Cécile de Cessiat, mariée à M. Charles de Beer, conservateur des forêts ; et Mlle de Sénevier, fille d'Alphonsine de Cessiat, mariée à M. Charles de Jussieu de Sénevier.

Le domaine leur fut racheté, le 19 novembre 1874, par M. Pierre-Jean-Charles de Montherot, petit-neveu du poète. Sa fille et son gendre, le comte de Noblet, en sont actuellement propriétaires.

LE CHÂTEAU DE SAINT-POINT

Cl. Petit, à Mâcon.

FAÇADE ORIENTALE
DU CHATEAU DE SAINT-POINT

(Modifications apportées par Lamartine.)

QUAND Pierre de Lamartine acheta le domaine de Saint-Point, il portait encore toutes les traces des dégâts qu'il avait subis en 1789. Le château « est fort dévasté, écrit Mme de Lamartine, dans *Le Manuscrit de ma Mère;* tous les murs sont nus; les écussons et les cheminées sont brisés à coups de barres de fer par les paysans venus de loin dans les journées des brigands, en 1789. Rien ne peut y flatter l'amour-propre ».

Lamartine s'efforça de l'améliorer. Il fit bâtir le pavillon où l'on visite encore sa chambre à coucher. Il fit ajouter la terrasse bordée d'un balcon à trèfles qui court le long des façades est et sud, et le porche gothique à colonnettes et à clochetons qui précède la porte d'entrée (voir pages 71 et 73); il avait rapporté d'un voyage en Angleterre le goût de ce gothique particulier dont l'aristocratie anglaise orne ses châteaux.

La façade orientale (photographie I de la page 71), qui commande le cours de la Valouze, remonte seule au moyen âge ; elle est comprise entre deux tours rondes qui ont été découronnées en 1789.

FAÇADE ORIENTALE DU CHATEAU DE SAINT-POINT.

Cl. Petit, à Mâcon.

GALERIE ET PAVILLON CONSTRUITS PAR LAMARTINE

Cl. Petit, à Mâcon.

PORCHE GOTHIQUE
DU CHATEAU DE *SAINT-POINT*

Au-dessus de la porte d'entrée du château, abrité par le porche gothique qui lui sert de vestibule extérieur, on voit une pierre rectangulaire portant gravé un écu, partie de Lamartine et de Dronier. Cette pierre provient d'un des domaines de Franche-Comté que Louis-François, grand-père paternel de Lamartine, fit entrer dans la famille par son mariage avec Jeanne-Eugénie Dronier.

Les Dronier, seigneurs du Villars et de Pratz, portaient d'argent au cyprès arraché de sinople, au chef d'azur chargé de deux étoiles d'or.

Dans l'écu de Saint-Point, les armes des Dronier sont à une bande accompagnée de deux étoiles en chef et d'un œillet feuillé et tigé en pointe.

Dans l'écu placé au-dessus de la porte du château de Montceau, elles donnent en champ un sapin, et elles ont un chef chargé de deux étoiles (voir page 75).

LE PORCHE GOTHIQUE DE SAINT-POINT

Ct. Petit, à Mâcon.

LES ARMOIRIES DE LAMARTINE

L^A page 75 reproduit les armes des Lamartine, des Dronier et de Mme de Lamartine.

La branche aînée des Lamartine (Seigneurs d'Hurigny) — au centre de la planche — portait de gueules, à deux fasces d'or accompagnées en cœur d'un trèfle de même. On les voit encore, gravées sur un cachet dont j'ai pris l'empreinte chez Mme de Parseval.

La branche cadette (Seigneurs de Montceau) — en haut et à droite de la planche — brisait en chef d'un lambel à trois pans d'argent. La branche aînée s'éteignit en 1789 avec Jean-Baptiste de la Martine.

Lamartine, de ce fait, avait supprimé cette brisure ; mais, on ne sait pour quelle raison, il avait substitué des bandes aux fasces ; il portait de gueules, au trèfle d'or entre deux bandes de même. C'est ce blason qu'on retrouve sur ses lettres. On le voit ici, sur une des trois faces du très curieux cachet que possède M. Barthou. Ce prisme mettait à la disposition de Lamartine trois empreintes différentes, dont la succession résume les étapes de son existence.

Son écu avait, pour timbre, la couronne de comte à neuf perles ; pour supports, deux lions armés et lampassés de gueules ; pour devise : « A la garde de Dieu ». M. Lex fait remarquer, dans son *Album du Centenaire*, qu'en appliquant scrupuleusement les règles de l'art héraldique, il aurait fallu représenter les queues des lions retroussées sur le dos, la queue en dedans ; mais la famille de Lamartine avait adopté le type figuré sur la planche. Les lions sont ainsi représentés sur le blason en fer forgé qui décore le balcon du château de Montceau, sur la façade de la terrasse. Les deux lions supportent deux écus, mais tous deux sont vides.

Au milieu de la page 75, à droite et à gauche, les armes de Mme de Lamartine et celles des Dronier, auxquels appartenait la grand'mère paternelle du poète.

Lamartine, au reste, se montrait assez peu soucieux de ses origines ; il savait que les titres ne pouvaient rien ajouter à sa gloire.

ARMOIRIES DE LA FAMILLE DE LAMARTINE

LAMARTINE A SAINT-POINT

CE portrait de Lamartine est au Musée de Mâcon. Il a été peint par Decaisne en 1830. Il nous montre le poète accompagné de deux lévriers, parmi lesquels, probablement, se trouve Fido.

PORTRAIT DE LAMARTINE, PAR DECAISNE

Cl. Edmond, à Mâcon.

LE CABINET DE TRAVAIL
DE LAMARTINE

Tous les souvenirs personnels de Lamartine qui sont conservés à Saint-Point se trouvent réunis dans son cabinet de travail, sa chambre, son cabinet de toilette et un cabinet noir qui est peut-être, de ces quatre pièces, la plus riche en documents.

Plusieurs de ces souvenirs sont décrits dans d'autres notices et figurés dans d'autres planches de cet album; ce chapitre insistera surtout sur ceux dont il n'est pas parlé ailleurs.

On accède à cet appartement par un escalier construit dans la tourelle sud de la façade d'entrée (voir page 69).

Le cabinet de travail de Lamartine est une cellule de moine, au plafond voûté, à demi-éclairée par une étroite porte vitrée regardant sur le parc, l'église et le cimetière, et qu'on voit page 71, immédiatement à droite du pavillon carré.

Le poète pouvait y trouver la solitude, le silence et le calme nécessaires pour donner leur forme définitive aux improvisations dont il avait jeté l'esquisse sur le papier, au cours de ses promenades, ou au hasard des circonstances.

Le cabinet de travail a toujours été installé à cette place; mais, au début, la galerie gothique sur laquelle s'ouvre la porte-fenêtre n'existait pas. Cette fenêtre donnait sur un balcon auquel conduisait un escalier de bois dressé extérieurement contre le mur. Cette disposition est figurée dans un dessin fait par Mme de Lamartine, en 1840, et que montre la page 81.

Cette pièce est la plus émotionnante de Saint-Point. C'est là qu'on retrouve le souvenir le plus vivace de Lamartine. Il semble qu'Il soit sorti momentanément, et qu'on attende sa rentrée.

Son fauteuil est là, et ceux des visiteurs. Sur la table, son pupitre, les porte-plumes, des plumes, de menus objets. Ses

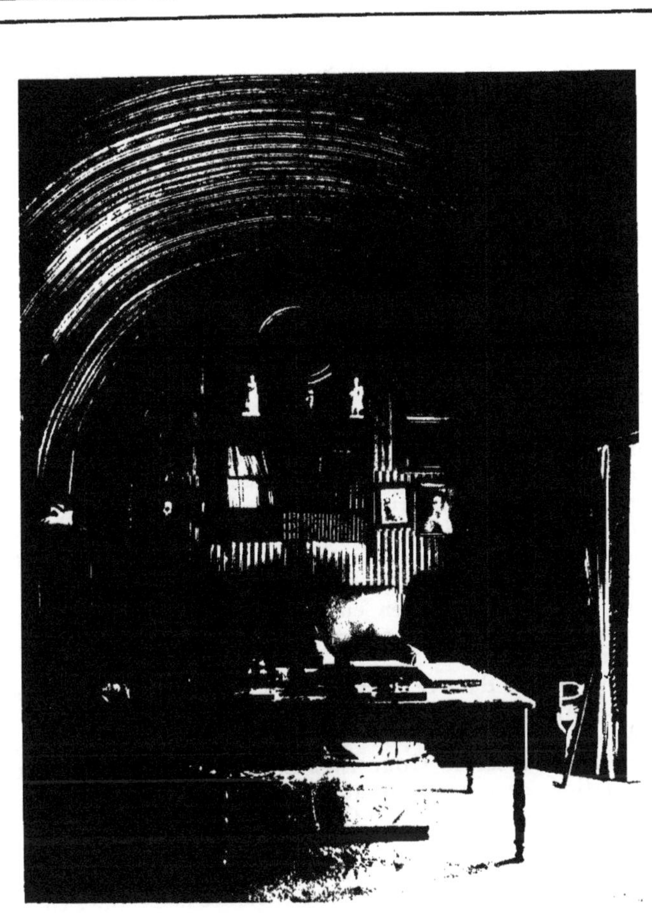

LE CABINET DE TRAVAIL DE LAMARTINE
A SAINT-POINT

Cl. Bourgeois, à Chalon-sur-Saône.

trois bibliothèques sont garnies de volumes. Aux murs, des dessins, parmi lesquels un paysage aquarellé, signé de Xavier de Maistre qui le lui avait donné; des portraits, en particulier ceux de sa fille Julia, peints par Mme de Lamartine; de sa mère; de Valentine de Cessiat, et celui de l'abbé de Lamartine, son oncle.

Ce dernier portrait se voit, sur notre planche, au-dessus d'un secrétaire qui renferme des trésors. Sans parler de la coiffure de Graziella (voir page 45), on trouve dans ce meuble le drapeau tricolore que Lamartine pressait sur sa poitrine, à l'Hôtel-de-Ville de Paris, le 25 février 1848.

Un portefeuille y est bourré de documents. Il est en cuir noir et doublé de satin blanc. Les quatre lettres d'Elvire (voir page 56) y reposent.

Près d'elles, le palmarès du Collège de Belley, dirigé alors par les Pères de la Foi. Ce palmarès est celui de l'année 1806. C'est une feuille unique, une sorte d'affiche blanche, qui porte, imprimés en latin, les noms de tous les lauréats de l'année. On y constate que Lamartine, qui terminait sa rhétorique, avait eu les prix d'excellence, d'amplification française, d'amplification latine, de *poésie*; un accessit de version latine (rien en grec), et le prix de sagesse « d'après le jugement de ses maîtres et l'approbation de ses condisciples ».

C'est encore dans ce portefeuille qu'on trouve sa nomination au Ministère des Affaires étrangères (1848), signée de Ledru-Rollin et de Dupont de l'Eure, et l'autorisation que lui avait adressée le Gouvernement provisoire, après cette nomination, de « pourvoir au prompt départ de Louis-Philippe et de la duchesse d'Orléans, ainsi que de tous les membres de la famille ».

Le cabinet de travail de Lamartine communique avec sa chambre à coucher par une petite chambre noire où s'entassent huit à dix malles bourrées de manuscrits. Il y aurait là un manuscrit des *Girondins*; celui des *Entretiens*, de *Geneviève*, et surtout une volumineuse correspondance qui n'est pas complètement classée.

SAINT-POINT, PAR MADAME DE LAMARTINE

Cl. Petit, a Mâcon.

LA CHAMBRE A COUCHER
DE LAMARTINE A *SAINT-POINT*

L A chambre à coucher de Lamartine est assez vaste ; elle occupe le premier étage du pavillon construit par lui. Deux fenêtres donnent sur la façade ouest ; par les deux autres, on aperçoit à travers le parc, la chapelle funéraire dans laquelle Lamartine a enseveli tous les siens, avant d'y reposer lui-même.

Les murs sont entièrement tendus d'un magnifique cuir de Cordoue qu'il avait rapporté de son voyage en Orient. Accrochés auprès de la cheminée, des harnachements de chevaux provenant de la même expédition. Près de la porte, fixé au chevet du lit, un baromètre de Bourdon, construit à Mâcon en 1808.

Ce fut Mlle Valentine de Cessiat qui fit placer dans cette chambre le lit de bois de rose dans lequel Lamartine est mort à Passy, ainsi que son armoire.

Sur la table de travail sont disposées les planches pupitres déjà signalées ailleurs. Sur une autre table, entre les deux fenêtres, s'étalent les flacons habillés d'osier dans lesquels Lamartine accumulait ses provisions de tabac.

Je rappelle que c'est dans cette chambre qu'on voit le crucifix d'Elvire.

LA CHAMBRE A COUCHER DE LAMARTINE, A SAINT-POINT

Cl. Bourgeois, à Chalon-sur-Saône.

LA CHEMINÉE DES POÈTES

L^A cheminée de la chambre à coucher de Lamartine (page 85, fig. 1) est curieuse : c'est la cheminée des poètes. Toute la façade en porcelaine a été peinte par Mme de Lamartine qui y a figuré les poètes favoris de son mari. En haut : Shakespeare, Homère et Dante. A droite, Pétrarque, Vittoria Colonna et Corneille. A gauche : Arioste, Sapho et Racine.

Je m'étonnais de ne pas rencontrer les figures d'Ossian, ni de Byron ; mais je les ai retrouvées, avec Camoëns et beaucoup d'autres, peintes de la même façon, sur des plaques analogues, pendues dans le cabinet aux manuscrits. Ces plaques étaient probablement destinées à orner toute la chambre ; puis ce projet de décoration fut abandonné après le voyage en Orient.

Dans le cabinet de toilette attenant à la chambre (fig. 2 de la page 85) a été placé le lit à baldaquin, qui était le lit de Lamartine à Saint-Point.

LA CHEMINÉE DES POÈTES
Cl. H. Cerf.

LE CABINET DE TOILETTE DE LAMARTINE
A SAINT-POINT
Cl. Petit, à Mâcon.

L'ÉGLISE DE SAINT-POINT
ET LE BANC DE LAMARTINE

L'ÉGLISE de Saint-Point est de l'époque romane, et ses voûtes sont soutenues par des piliers bâtis sur plan rectangulaire.

Elle fut agrandie d'une travée en 1840, et, à ce moment, Lamartine versa aux crédits mis à la disposition de la commune par le ministre de l'Instruction publique, une subvention pour qu'on ajoutât une entrée gothique.

Le banc de Lamartine existe, tel qu'il était de son vivant; il est au premier rang, côté de l'Evangile. On y montre sa place habituelle, et l'angle supérieur droit de la boiserie sur lequel, en arrivant, il déposait son chapeau haut de forme.

L'ÉGLISE DE SAINT-POINT
Cl. Bourgeois, Chalon-sur-Saône.

*LE BANC DE LAMARTINE
A L'ÉGLISE DE SAINT-POINT*
Cl. H. Cerf.

LAMARTINE ACADÉMICIEN

1829

QUELQUES ACCESSOIRES DE TOILETTE DE M. DE LAMARTINE

LAMARTINE occupa, à l'Académie française, le 37ᵉ fauteuil qui avait eu Jean Chapelain, l'auteur de la *Pucelle*, pour premier titulaire, en 1662.

L'Académie de Mâcon conserve pieusement son habit d'académicien. Lamartine faisait partie de cette dernière compagnie depuis longtemps; il y avait prononcé son discours de réception, dans la séance du 19 mars 1811, sur les *Avantages de la communication des idées entre les peuples par la littérature*. Il était l'enfant gâté de la maison, et le procès-verbal de la séance du 26 mars 1817 ne le désigne pas sous le nom de M. Alphonse de Lamartine, mais familièrement sous celui de M. Alphonse.

La page 91 montre d'autres souvenirs du même ordre. D'abord, le parapluie de Lamartine; c'est un honnête parapluie, vaste comme tous ceux de son temps (il mesure 1 m. 25 de diamètre), en soie groseille, avec une bordure noire brodée de jaune, montée sur de véritables et grosses baleines, coiffées à leur extrémité d'un petit chapeau d'ivoire. Le stick, mince et souple, semble emprunté à un vieux cep de vigne. Le chapeau gris confirme ce détail connu que Lamartine avait une très petite tête. Parapluie, stick et chapeau se voient au Musée de Mâcon.

Pour terminer cette chronique vestimentaire, je dirai que l'Académie de Mâcon possède un autre souvenir de Lamartine. Sa rencontre peut paraître un peu choquante, au premier abord; et cependant on a conservé, provenant d'autres grands hommes, et même de saints et de martyrs, des reliques au moins aussi surprenantes. Il s'agit de son plat à barbe et de quelques accessoires de toilette. Un coiffeur de Mâcon, M. Lachaize, avait réuni une collection de près de 400 plats à barbe, de toutes matières et de toutes formes. Et au milieu de cet ensemble d'une réelle valeur, se trouvait le plat à barbe de Lamartine, qui fut donné à l'Académie de Mâcon, par son heureux possesseur.

QUELQUES ACCESSOIRES DE TOILETTE
DE M. DE LAMARTINE

Cl. Edmond, à Mâcon.

BUSTE DE LAMARTINE
PAR DAVID D'ANGERS

Ce buste, en marbre blanc, porte, gravée, la date de 1830. En octobre 1828, Lamartine avait donné quelques poses à David ; mais comment, avec la vie active qu'il menait à ce moment, aurait-il pu trouver le temps des séances fréquentes et rapprochées que l'artiste, consciencieux, réclamait avec instance ? Le buste fut repris en juin 1829, et enfin terminé en 1830.

Cette œuvre admirable (la plus belle peut-être — avec le Bonchamp de St-Florent-le-Vieil — de toutes celles qu'a produites David d'Angers) est un des plus précieux trésors des collections de M. Barthou, qui possède également la lettre de remerciement du poète au sculpteur. On peut conclure de la lecture de cette lettre que ce fut Lamartine qui commanda et installa le piédouche de marbre qui supporte le buste.

J'ai vu également chez M. Barthou, le prix de thème latin que remporta Lamartine, en 1801, à sa pension de Lyon.

Parmi les très nombreux autographes, manuscrits, ou éditions rares de Lamartine que possède M. Barthou, je signalerai : les manuscrits de trois *Harmonies* (dont *Milly ou la Terre natale*); deux des chants de *Jocelyn* qui manquent à la Nationale (l'un contient la scène de la prison; l'autre, les Laboureurs); la 6e édition de *La Chute d'un Ange*, portant à chaque page des corrections du poète.

BUSTE DE LAMARTINE, PAR DAVID D'ANGERS

Collection de M. Barthou. Cl. Hachette.

LE VOYAGE EN ORIENT

1832

JULIA DE LAMARTINE

UNE ÉPITRE FAMILIÈRE

DANS les premiers chapitres de son *Voyage en Orient*, Lamartine parle d'une lettre en vers qu'il avait écrite à Walter Scott, avant son départ. La page 97 reproduit le fac-similé d'une partie de la première page de cette épître familière.

Ce manuscrit est daté de Saint-Point, 6 mai 1832. Il a pour titre : *Épîtres familières. — Réponse aux adieux de Sir Walter Scott à ses lecteurs.*

Il se compose de 12 folios écrits, de 36 cm. de hauteur et 25 cm. de largeur. Il est magnifiquement relié et, sur une page de garde, il porte cette inscription : *Hommage reconnaissant à l'Académie de Mâcon, en souvenir des fêtes du Centenaire, octobre 1890. De Montherot.*

M. de Montherot (alors propriétaire de Saint-Point), qui a donné le manuscrit à l'Académie de Mâcon, était le petit-fils de Jean-Baptiste-François de Montherot qui avait épousé, en 1821, Marie-Suzanne-Clémentine de Lamartine, sœur du poète.

Lamartine avait beaucoup d'affection pour ce beau-frère avec lequel il entretint une correspondance en vers, pleine d'aimable abandon et d'enjouement. La plupart de ces lettres sont enfermées dans un carton brun conservé à Saint-Point. On peut les lire dans un ouvrage publié récemment (1).

Une de ces lettres est extrêmement curieuse; c'est celle où il soumet à l'approbation de M. de Montherot (et à celle de Virieu en même temps) *l'Harmonie* qu'il vient d'écrire sur *Milly*, lui demandant sa critique. Le premier brouillon de *Milly* appartient à M. Louis Barthou; il est daté de Florence, 29 janvier 1827. La majeure partie de cette correspondance s'échangea pendant le séjour de Lamartine à Florence comme attaché d'ambassade. Les dernières lettres sont datées de Saint-Point ou de Mâcon.

---

(1) *L'album de Saint-Point ou Lamartine fantaisiste. Lettres inédites en vers*, publiées par Renée de Brimont. Plon-Nourrit, 1925.

MANUSCRIT D'UNE ÉPITRE FAMILIÈRE

Cl. Edmond, à Mâcon.

LE VOYAGE EN ORIENT

L E drapeau que montre la page 99 est appendu aux murs du salon de réception de l'hôtel Senecé qui abrite l'Académie de Mâcon. Frangé d'or, il est formé d'une bande horizontale verte, placée entre deux bandes horizontales rouges, toutes trois reliées par une étroite bande verticale blanche, fixée à la hampe. Celle-ci se termine par un croissant. Elle porte une plaque de cuivre sur laquelle on lit : « Drapeau arboré sur le vaisseau de Lamartine pendant son voyage en Orient, acheté à la vente de Saint-Point (septembre 1894), donné par M. le comte de Rambuteau à l'Académie de Mâcon. »

Au cours de son voyage, Lamartine reçut un accueil particulièrement cordial des Maronites du Liban. Ceux-ci ne cessèrent plus tard de lui écrire. A l'époque des troubles « fomentés par l'ambition du pacha d'Egypte et par la fausse politique de la France en 1840 », les chefs du Liban lui envoyèrent à Paris, par députation, un sabre d'honneur. Lamartine leur répondit : « J'ai reçu le sabre que vous m'adressez. Je le conserverai pendant que je vivrai, et je le ferai conserver après moi dans ma famille, comme un témoignage éclatant de votre amitié et de celle de la nation maronite pour la France. »

Ce sabre est accroché au mur de la chambre à coucher de Lamartine, à Saint-Point ; c'est lui qu'on voit au bas de la page 99.

Lamartine avait rapporté des notes de voyage qu'on peut lire à la Bibliothèque nationale. Le plus souvent, elles sont tracées au crayon ; c'est d'après ces notes que Lamartine écrivit son *Voyage en Orient*. Il commença cette rédaction définitive à Montceau, en juillet 1834 ; l'ouvrage parut le 6 avril 1835.

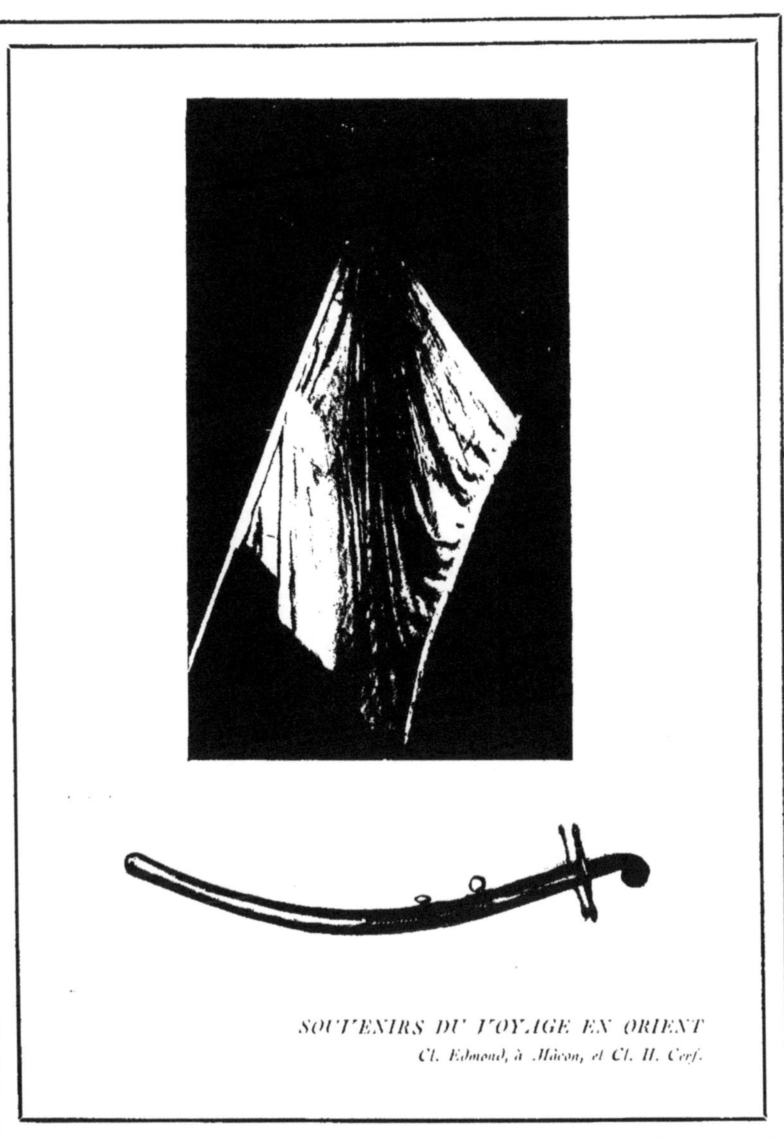

SOUVENIRS DU VOYAGE EN ORIENT
Cl. Edmond, à Mâcon, et Cl. H. Cerf.

JULIA DE LAMARTINE

Le portrait de la petite Julia, reproduit page 101, est un crayon dessiné par Mme de Lamartine; il est accroché à gauche de la cheminée de la chambre à coucher de Lamartine, à Saint-Point, faisant pendant au portrait du grand-père paternel de l'enfant, qui est à droite.

Les deux portraits de la page 103 sont deux peintures de Mme de Lamartine; elles sont fixées au mur du cabinet de travail de Saint-Point.

Pendant son voyage en Orient, Lamartine eut à supporter une des plus grandes douleurs de sa vie : il perdit sa fille Julia d'une tuberculose pulmonaire que l'action bienfaisante du climat d'Orient ne put empêcher d'évoluer.

Julia de Lamartine était née à Mâcon, le 14 mai 1822. Elle passa presque toute son enfance à Saint-Point et à Mâcon. Elle était d'une santé délicate. L'année même du départ pour l'Orient, elle présenta des accidents alarmants. Ce départ avait été fixé au 28 mai; mais, à cette date, Lamartine était retenu à Mâcon par un épisode aigu de la maladie de sa fille, qui inquiéta vivement tout son entourage.

Une amélioration, qui semblait autoriser tout espoir, se produisit pendant les premiers temps du séjour en Syrie; puis une aggravation survint au début de la mauvaise saison. Après des alternatives de rémissions et d'accidents plus ou moins menaçants, l'enfant mourut, le 6 décembre 1832, entre les bras de son père et de sa mère, dans la maison de campagne où Lamartine avait établi sa famille, aux environs de Beyrouth.

Or le vaisseau que Lamartine avait renvoyé en France ne devait venir reprendre les voyageurs qu'en mai 1833. Lamartine fit embaumer le corps de sa fille, et l'ensevelit dans un couvent fransciscain de Beyrouth.

Enfin l'*Alceste* revint, comme il avait été convenu. Pour épargner à Mme de Lamartine, profondément affectée, la

Dessin de Madame de Lamartine.

Cl. Petit, à Mâcon.

douleur de revenir avec sa fille morte sur le même navire qui les avait tous emmenés, heureux et confiants en l'avenir, Lamartine fréta un brick, sur lequel il s'embarqua avec sa femme et ses amis, tandis que l'*Alceste,* qui naviguait de conserve avec lui, emportait le cercueil de l'enfant.

Le corps de Julia fut déposé dans le tombeau de Saint-Point, ainsi qu'elle l'avait demandé à ses derniers moments. Lamartine avait déjà confié à ce tombeau un premier enfant, un fils, Alphonse de Lamartine, né à Rome, le 8 mars 1821, mort à Paris, le 18 octobre 1822.

Quelques souvenirs touchants nous restent de la petite Julia : dans la même caissette, recouverte de velours jaune, où elle avait enfermé la dernière robe et le *Journal intime* de Mme de Lamartine, ainsi que le *Manuscrit de ma Mère,* Mme de Parseval conservait pieusement une robe et deux bonnets de Julia. Deux berceaux de ses poupées sont demeurés sur une table du cabinet de travail de Lamartine, à Saint-Point.

JULIA DE LAMARTINE
Peintures de Madame de Lamartine.
Cl. Petit, à Mâcon

MONTCEAU

LE CHATEAU DE MONTCEAU

LE domaine de Montceau, étendu sur les communes de Prissé (canton Nord de Mâcon) et de La Roche Vineuse (canton Sud de Mâcon), est venu aux Lamartine par suite du mariage de Jean-Baptiste de la Martine, chef de la branche cadette, avec Françoise Albert (27 avril 1662). Les Albert eux-mêmes le tenaient des Moisson. Les trois pavillons qui constituent la partie centrale du Château avaient été bâtis en 1648 par Philippe Moisson, écuyer, lieutenant du Roi à Bourg-en-Bresse. L'habitation fut flanquée, peu après, des deux ailes; la chapelle était construite en 1662.

Le domaine passa successivement de Jean-Baptiste à Philippe-Etienne, puis à Louis-François. A la mort de ce dernier (1797) il devint la propriété indivise de François-Louis, oncle paternel de Lamartine, et de sa sœur, Charlotte-Eugénie de Lamartine. Celle-ci resta propriétaire unique, à la mort de son frère aîné, en 1821.

Lamartine hérita Montceau de sa tante (envoi en possession 23 octobre 1833). Mme Valentine de Cessiat, nièce de Lamartine et sa légataire universelle, fit vendre Montceau, qui fut acheté par M. J.-B. Virey, le 26 mars 1870. Il vint, par succession directe, au fils de ce dernier acquéreur, M. Philippe Virey, égyptologue distingué, dont la veuve habite actuellement le château.

Ce fut peu après avoir hérité de ce domaine, que Lamartine ensevelit sa fille Julia dans la chapelle funéraire de Saint-Point. Il saisit cette occasion d'éloigner Mme de Lamartine dont la douleur était navrante, et il vint s'installer à Montceau. Il y fit par la suite d'assez importants travaux de restauration; c'est ainsi qu'il construisit, au nord du grand salon, la galerie qui met en communication, avec l'entrée latérale de la chapelle, les appartements de l'ouest et du centre. Il revint souvent à Montceau, y fit d'assez longs séjours. C'est là qu'il rédigea son *Voyage en Orient*; il y travailla à *Jocelyn*.

CHÂTEAU DE MONTCEAU
FAÇADE SUR LA TERRASSE

CHÂTEAU DE MONTCEAU
COUR D'HONNEUR INTÉRIEURE,
AVEC L'ENTRÉE DE LA CHAPELLE

Clichés Petit, à Mâcon.

On voit encore quelques souvenirs de sa présence : son fauteuil habituel; son lit à baldaquin ; le clou où il accrochait son hamac, planté dans un des arbres énormes constituant une avenue, ou plutôt une salle d'ombrage qu'il appelait la Salle des dieux; une bouillotte ronde, dont les huit tiroirs numérotés devaient renfermer l'enjeu des joueurs; une fort belle cheminée dont le devant en faïence a été peint par Mme de Lamartine, d'anges et d'amours, de branches de fleurs et de grappes de raisins.

La chapelle où Lamartine, au premier rang, du côté de l'Evangile, écoutait, debout du commencement à la fin, la messe dite par l'abbé Perrotin, alors Curé de Prissé, a un aspect tout différent de celui qu'elle présentait alors. Du temps de Lamartine, les murs en étaient décorés de peintures qui représentaient des fenêtres ogivales et des casques empanachés. Cette décoration a été remplacée par un enduit uni (1).

Lamartine n'a pas fortement marqué cette demeure de son empreinte, comme Saint-Point; on n'y retrouve pas de souvenirs émouvants de sa vie intérieure, comme à Milly. Montceau est surtout la Seigneurie de François-Louis.

(1) Philippe Virey : *L'abbé Perrotin et la chapelle du château de Montceau*. Annales de l'Académie de Mâcon, 3e Série, tome XIV, 1911.

JOCELYN

LE CHÊNE DE JOCELYN

On a donné le nom de « Chêne de Jocelyn » à l'arbre magnifique que représente la page 111, d'après une photographie faite par mon fils, en août 1924. Ce chêne se dresse dans une clairière, au milieu du bois qui escalade la colline voisine du parc de Saint-Point. Il n'y est pas isolé : j'ai compté vingt-quatre chênes assez espacés, et formant une merveilleuse salle d'ombrage; mais il est le plus beau de tous.

A ses pieds, se voit le banc de pierre moussue sur lequel Lamartine venait s'asseoir; il emportait avec lui, pour travailler plus facilement, une des planches de bois, garnies de cuir, qu'on voit sur le bureau de sa chambre à coucher, et qui lui servaient de pupitre, pour écrire ses brouillons, au cours de ses promenades. C'est là, à l'ombre de ce chêne centenaire, loin de tout bruit, dans le calme de cette campagne mâconnaise si prenante, qu'il écrivit son admirable poème.

On se doute bien que tout *Jocelyn* n'a pas été écrit entièrement sous ce chêne, puisque Lamartine a travaillé plusieurs années à cette œuvre, et qu'il en a composé, en particulier, une partie à Milly, pendant les mois de septembre et d'octobre 1834, et à Montceau, en septembre 1836, mais la tradition reste vraie pour une grande partie du chef-d'œuvre.

LE CHÊNE DE JOCELYN

Cl. H. Cerf.

LE MANUSCRIT DE JOCELYN

C'est le manuscrit 86 de la Bibliothèque de la Ville de Mâcon.

Il constitue un volume relié de 388 folios, dont 384 écrits, de 26 cm. de hauteur et 20 de largeur.

Au début du volume, on a inséré une série de lettres intéressantes de Lamartine à son éditeur Charles Gosselin, 9, rue Saint-Germain-des-Prés, à Paris.

C'est le manuscrit de l'impression, avec ratures et corrections de Lamartine. Quelques premiers feuillets ont été écrits par Lamartine; les autres sont tantôt de la main de Mme de Lamartine, tantôt d'un secrétaire, tantôt de Lamartine lui-même.

Ce manuscrit a été donné à la Bibliothèque de la Ville de Mâcon par M. Piat, qui l'avait acheté pour le prix de 5.000 francs.

La planche de la page 113 est un fac-similé de la dédicace de Lamartine à sa femme : Maria-Anna-Eliza.

La Nationale conserve les carnets et albums où Lamartine a inscrit les premières ébauches de *Jocelyn*. Ils sont inscrits sous les numéros 11 à 21 des manuscrits de Lamartine. La comparaison entre le premier jet de l'inspiration et le manuscrit définitif de Mâcon fournit d'intéressants renseignements sur la méthode de travail de Lamartine qui, jamais satisfait, retouchait et polissait ses œuvres, de manuscrit en manuscrit, d'édition en édition.

XII

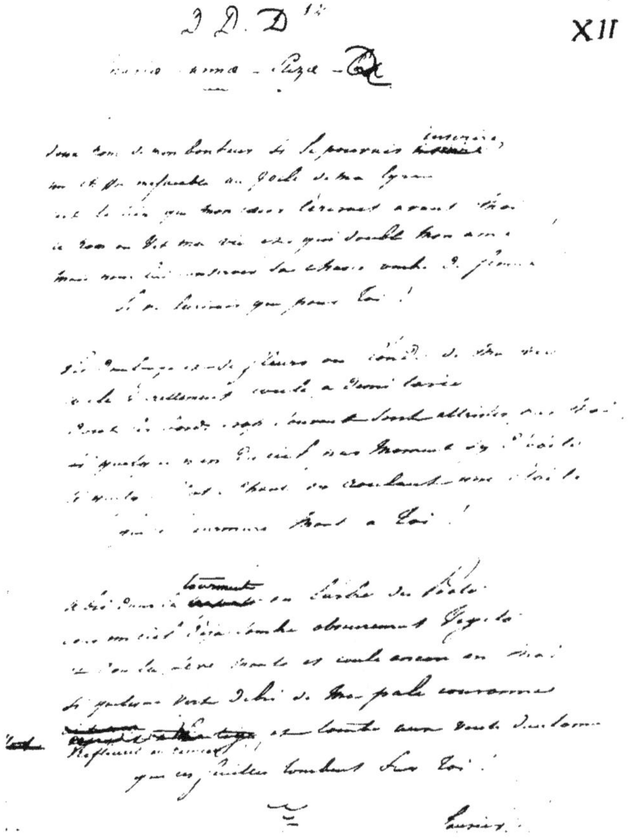

LE MANUSCRIT DE JOCELYN (MACON)

Cl. Edmond, à Mâcon.

LA MAISON DE JOCELYN
LE SENTIER DE MILLY A BUSSIÈRES
LE TOMBEAU DE JOCELYN

Les inventions de Lamartine ont toujours un fond de vérité : la preuve en est faite depuis longtemps pour *le Lac* et *Raphaël,* et nos planches évoquent des témoins muets et cependant éloquents de cet amour immortalisé par le génie. La porte du château de Byone rappelle encore la première idylle de l'adolescence. La cabane du tailleur de pierres de Saint-Point a été retrouvée. Cet album montre également le dernier souvenir de Graziella qu'on ne peut plus qualifier de fiction.

Presque toute l'œuvre de Lamartine est une autobiographie ; c'est sa douleur qu'il crie ; ce sont ses sentiments dont il pare ses héros ; c'est son cœur qu'il met à nu.

Dans *Jocelyn,* il y a également une part d'autobiographie : les souvenirs d'enfance, le départ pour le séminaire, les scènes d'amour entre Jocelyn et Laurence, ne sont autre chose que la transposition des sentiments de Lamartine à Milly et au moment de son départ pour Belley, et aussi des amours de Raphaël et de Julie. Certains épisodes sont empruntés à des événements survenus dans son entourage ; par exemple, la naissance de l'amour de Jocelyn et de Laurence, dans la Grotte des Aigles, est la description d'une idylle qui s'épanouit sous le vieux toit de Milly, entre deux enfants que le poète aimait tendrement. (Lire le livre de Jean des Cognets, p. 245 à 248.)

Je n'insisterai pas sur les détails ; ce qu'il faut surtout dire, ce qu'il faut mettre en grande lumière, c'est que l'histoire de *Jocelyn* n'est pas un roman inventé à plaisir ; c'est une histoire vraie, autour de laquelle les documents précis commencent à se grouper.

Le personnage principal a vécu, dans le voisinage, dans l'intimité des Lamartine ; celui qui a servi de modèle au poète s'appelait l'abbé François Dumont. Cet homme avait

LA MAISON DE JOCELYN

Cl. H. Cerf.

eu, en effet, une aventure qui constitue le fond véridique de *Jocelyn*.

Au cours d'un épisode tragique de la Révolution survenu dans cette région mâconnaise, l'amour, souvent plus puissant au milieu du danger et du carnage, s'était fait un jeu d'unir les ardeurs de sa jeunesse plébéienne à l'abandon d'une jeune fille de la noblesse, charmée par sa beauté grave et la grâce de sa haute taille. Ils s'aimèrent donc pendant l'orage.

Plus tard, on les retrouve séparés. Lui est desservant de Bussières, un petit pays voisin de Milly, voisin aussi du pays où s'est déroulée l'aventure. A la suite de quelles scènes a-t-il dû entrer dans les ordres ? Les bouches se taisent qui pourraient parler, et les documents qui éclaireraient cette énigme ne sont pas encore tous connus.

Lamartine a transporté la scène en d'autres lieux ; il a dénaturé les détails, pour dépister la curiosité et respecter l'honneur d'une famille qui était liée à la sienne par des relations de voisinage et d'amitié. Il a de même transformé son héros et lui a prêté beaucoup de ses sentiments.

Malgré le drame qui bouleversa sa vie, l'abbé Dumont était digne de tout respect et de toute affection. Il fut le premier précepteur du poète, quand sa famille vint s'installer à Milly en 1797, et la pieuse Mme de Lamartine n'aurait pas confié son fils à un homme qui n'aurait pas mérité toute estime. Plus tard, le maître et l'élève se firent mutuellement leurs confidences, et se lièrent d'une étroite amitié. L'abbé Dumont habitait, à Bussières, un presbytère qui existe encore, et que tout le monde, dans le pays, connaît sous le nom de « La Maison de Jocelyn » (page 115). Une des deux figures de la page 117 montre le sentier rocailleux et abrupt par lequel Lamartine, à huit ans, se rendait à l'école de l'abbé Dumont, par lequel, devenu homme, il venait bien souvent voir son ami et s'entretenir affectueusement avec lui.

Lamartine le soutint moralement et matériellement, pendant toute sa vie. L'abbé aurait pû s'enrichir, après la Révolution (la preuve en est faite) ; mais son honnêteté et

LE SENTIER DE MILLY A BUSSIÈRES
Cl. H. Cerf.

LE TOMBEAU DE JOCELYN
Cl. H. Cerf.

ses scrupules l'avaient laissé pauvre, et ses registres parois-
siaux que j'ai eus entre les mains témoignent des maigres
ressources que lui procurait son ministère. Lamartine lui
fournit une subvention, chaque année, fit veiller par son
régisseur à ses provisions de vin et de sarments, paya plusieurs fois ses dettes, fit les frais d'un séjour en Provence
nécessité par la maladie, le reçut constamment à Saint-
Point, l'invita à Paris, le fit participer à ses joies et à ses
douleurs. Enfin, il lui donna, par delà la mort, le témoignage
de son immuable amitié.

L'abbé Dumont fut en effet inhumé, le 24 janvier 1832,
dans le petit cimetière qui entourait l'église de Bussières. Sa
dalle funéraire (page 117) se trouve placée juste devant la
porte de la sacristie de cette église, et le prêtre qui vient
dire sa messe dans cette humble chapelle, la foule aux pieds
chaque fois qu'il y entre et qu'il en sort. A côté de cette
porte, se dresse une haute pierre sur laquelle Lamartine fit
graver cette inscription :

A LA MÉMOIRE
DE
F. DUMONT, CURÉ DE BUSSIÈRES ET MILLY
PENDANT PRÈS DE 40 ANS
NÉ ET MORT PAUVRE COMME SON DIVIN
MAITRE
ALPHONSE DE LAMARTINE, SON AMI,
A CONSACRÉ CETTE PIERRE
PRÈS DE L'ÉGLISE
POUR PERPÉTUER PARMI LE TROUPEAU
LE SOUVENIR
DU BON PASTEUR
1832

Après sa mort, les meubles de l'abbé Dumont et ses
armes furent dispersés aux enchères ; j'ai vu son baromètre
au milieu des collections de M. Testot-Ferry dans sa propriété de Bussières. Il avait légué sa bibliothèque à Lamartine ; j'ai feuilleté, à Pierreclos, une histoire du XVIIIe siècle,
de Lacretelle, annotée de sa main.

LA VIE POLITIQUE
DE LAMARTINE
Le 25 Février 1848.

LE MANUSCRIT
DES GIRONDINS

C'EST le manuscrit 185-188 de la Bibliothèque de la Ville de Mâcon. Il comprend quatre énormes volumes:

Le premier volume comporte 1036 folios: les 129 premiers ont 26,5 cm. de hauteur × 20 cm. de largeur; les autres ont 39 cm. de hauteur × 25,5 cm. de largeur. Les folios des trois derniers volumes présentent tous ces dernières dimensions. Le deuxième volume comporte 627 folios; le troisième, 1018 folios; le quatrième, 916.

Sur la page de garde du premier volume, on lit cette note de M. Lex : « L'écriture de Lamartine s'arrête à la ligne 7 du feuillet 108. Le reste, en partie au moins, peut être de la main de Mme de Lamartine, de qui son mari écrivait, en juin 1847 : « Ma femme n'écrit plus, parce qu'elle travaille huit heures par jour aux *Girondins*. » (Voir *La Grande Revue* du 25 septembre 1917, page 228).

La page 121 est un fac-similé d'une partie du folio 67 du premier volume.

J'ai signalé, page 80, qu'il y aurait un autre manuscrit des *Girondins* dans une malle du cabinet noir de Saint-Point. D'autre part, la Bibliothèque nationale possède un manuscrit des *Girondins*, N° 49 et N°s 54-61 des manuscrits de Lamartine. Je profite de ce chapitre pour compléter ici ce qui concerne les manuscrits de Lamartine en disant que la Bibliothèque de la Ville d'Angers possède le manuscrit d'édition des *Harmonies*; il lui a été donné par M. Grille. Il contient trente-neuf pièces; il y est joint la lettre d'envoi de C. Gosselin à M. Grille, avec la réponse de ce dernier.

La liste des manuscrits de Lamartine conservés à la Nationale comporte soixante-deux numéros.

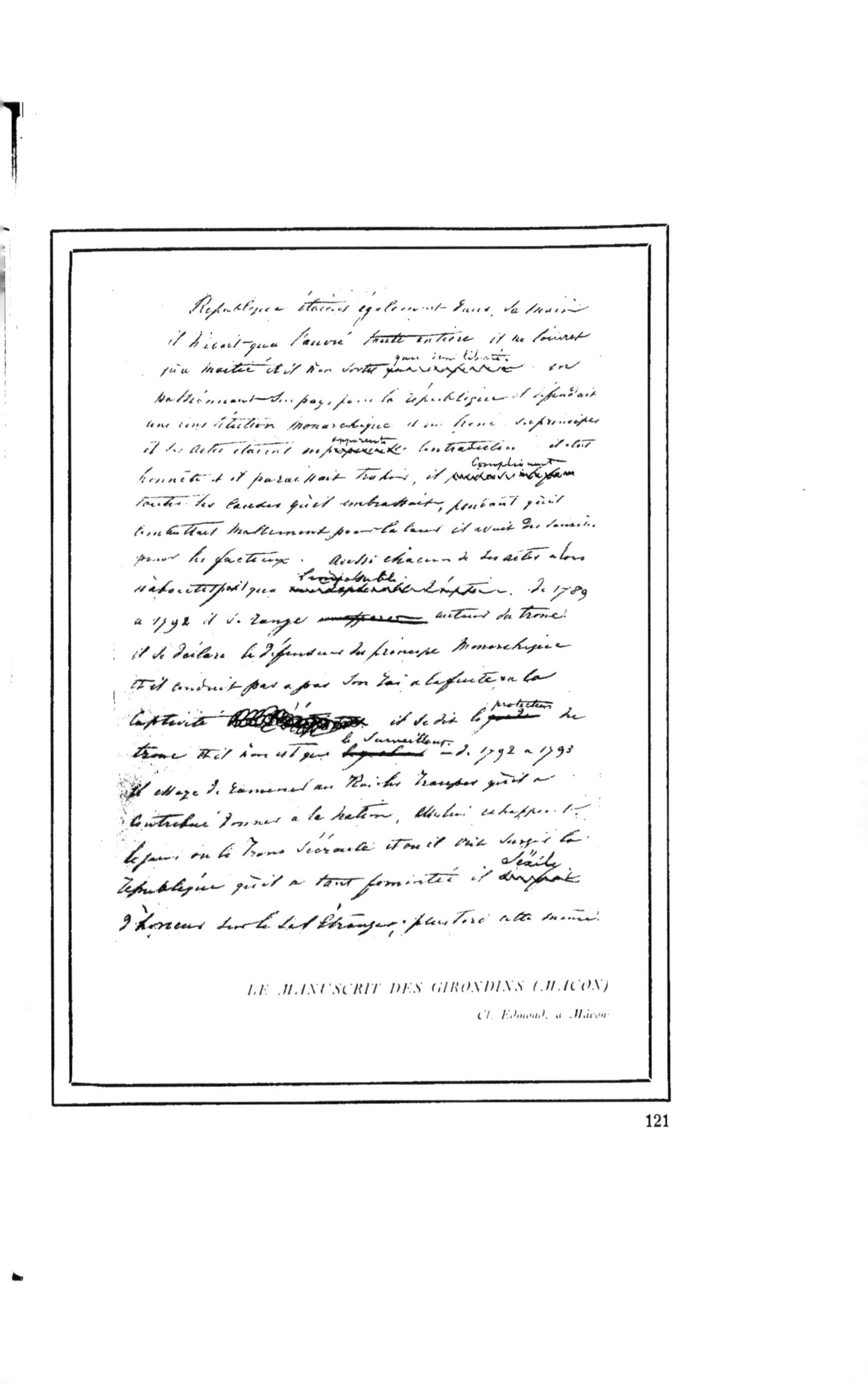

LE MANUSCRIT DES GIRONDINS (MÂCON)

LE 25 FÉVRIER 1848

L'INSIGNE de député ainsi que l'écharpe que portait Lamartine, le 25 février 1848, sur le perron de l'Hôtel de Ville de Paris, sont accompagnés, sur la planche, du chapeau dont il était coiffé. Ce chapeau a été fortement cabossé d'un coup de bâton asséné par un insurgé qui avait visé trop haut.

L'insigne est au Musée de Mâcon. L'écharpe et le chapeau sont à Saint-Point, dans l'armoire de la chambre à coucher de Lamartine. On trouve dans cette armoire encore un autre chapeau ; celui-ci est gris. Au fond de sa coiffe, on lit : Dufour Bodson fils, 22, rue Royale-Saint-Honoré, Paris. La même inscription se retrouve au fond du chapeau noir, et aussi au fond du chapeau du Musée de Mâcon (voir page 90). M. de Lamartine était fidèle à ses fournisseurs.

J'ai parlé ailleurs du drapeau de 1848 (voir page 80).

Après la journée de l'Hôtel de Ville, on envoya d'un peu partout à Lamartine des drapeaux tricolores, en signe d'approbation et d'admiration.

On voit ici celui qui lui fut envoyé par la commune de Prissé, un village du Mâconnais, duquel dépendait son château de Montceau. C'est un drapeau tricolore en soie, qui, d'un côté, porte, sur la bande blanche, l'inscription : LIBERTÉ — EGALITÉ — FRATERNITÉ ; de l'autre côté : HOMMAGE DES CITOYENS DE PRISSÉ A LAMARTINE.

Sur une plaque de cuivre fixée à la hampe, on a gravé : Drapeau offert à Lamartine en 1848, acheté à la vente de Saint-Point (1894), donné par M. le comte de Rambuteau à l'Académie de Mâcon.

Ce drapeau est appendu aux murs du salon de réception de l'Hôtel Senecé, siège de l'Académie de Mâcon.

Je veux noter ici que j'ai vu la croix de la Légion d'honneur de Lamartine chez son filleul, le comte du Chaffault. Lamartine fut décoré, le 16 avril 1825, en même temps que Victor Hugo.

Cl. Edmond, à Mâcon.

SOUVENIRS DU 25 FÉVRIER 1848
Cl. Edmond, à Mâcon, et Cl. H. Cerf.

LA VIEILLESSE

LAMARTINE A 70 ANS

Ce portrait est une reproduction d'une photographie d'Adam Salomon. Ce sculpteur avait fait poser Lamartine pour le buste qui est placé dans la chapelle de son tombeau. Un exemplaire de cette photographie se trouve à Saint-Point; un autre, à l'Académie de Mâcon.

Lamartine a conservé son geste habituel. Sa physionomie se montre admirable de beauté, d'intelligence rayonnante et de bonté. C'est ainsi que les octogénaires mâconnais qui l'ont connu se rappellent l'avoir vu.

LAMARTINE A 70 ANS

MADEMOISELLE
VALENTINE DE CESSIAT

MADEMOISELLE Valentine de Cessiat, née le 17 mai 1821 à Saint-Amour (Jura), était la nièce du poète, la troisième fille de l'aînée de ses sœurs, Cécile, qui avait épousé M. de Glans de Cessiat.

Elle avait toujours refusé de se marier et voua son existence à Lamartine. Elle lui écrivait : « Adieu, je vous embrasse; je ne sais si c'est comme une fille, une amie, une nièce; mais ce que je sais, c'est que, quel que soit le sentiment, il durera autant que ma vie. » Et ailleurs : « Une patrie, le lieu que je voudrais habiter ne sera jamais ailleurs, ni plus loin que votre ombre par terre » (1).

En 1854, elle s'installa auprès de lui, et entoura de ses soins attentifs l'agonie de Mme de Lamartine (23 mai 1863).

Après cette mort, elle resta seule auprès de Lamartine, partageant ses innombrables épreuves : deuils, solitude, ruine, maladie, déceptions, qui rendirent sa vieillesse épouvantable. Sa présence lui permit de les supporter avec une résignation souriante et exempte de rancune qui le rend encore plus admirable et le grandit, si possible, à nos yeux.

Après la mort de son oncle, elle publia sa correspondance.

Par son dévouement, elle mérita bien d'être appelée « la fille adoptive du poète ». Ce titre lui fut ratifié par un décret impérial, en date du 31 août 1868, qui l'autorisa à ajouter à son nom celui de Lamartine et à s'appeler de Glans de Cessiat de Lamartine.

Elle mourut à Paris, 8, rue Saint-Philippe-du-Roule, le 16 mai 1894 ; elle fut inhumée à Saint-Point, dans le tombeau de Lamartine, le 21 mai 1894.

(1) Lire M.-T. Ollivier : *Valentine de Lamartine*, Paris, Hachette.

MADEMOISELLE VALENTINE DE CESSLAT

Cl. Petit, à Mâcon.

LA MORT
DE LAMARTINE

LETTRE DE LAMARTINE
AU MAIRE DE SAINT-POINT (page 1).

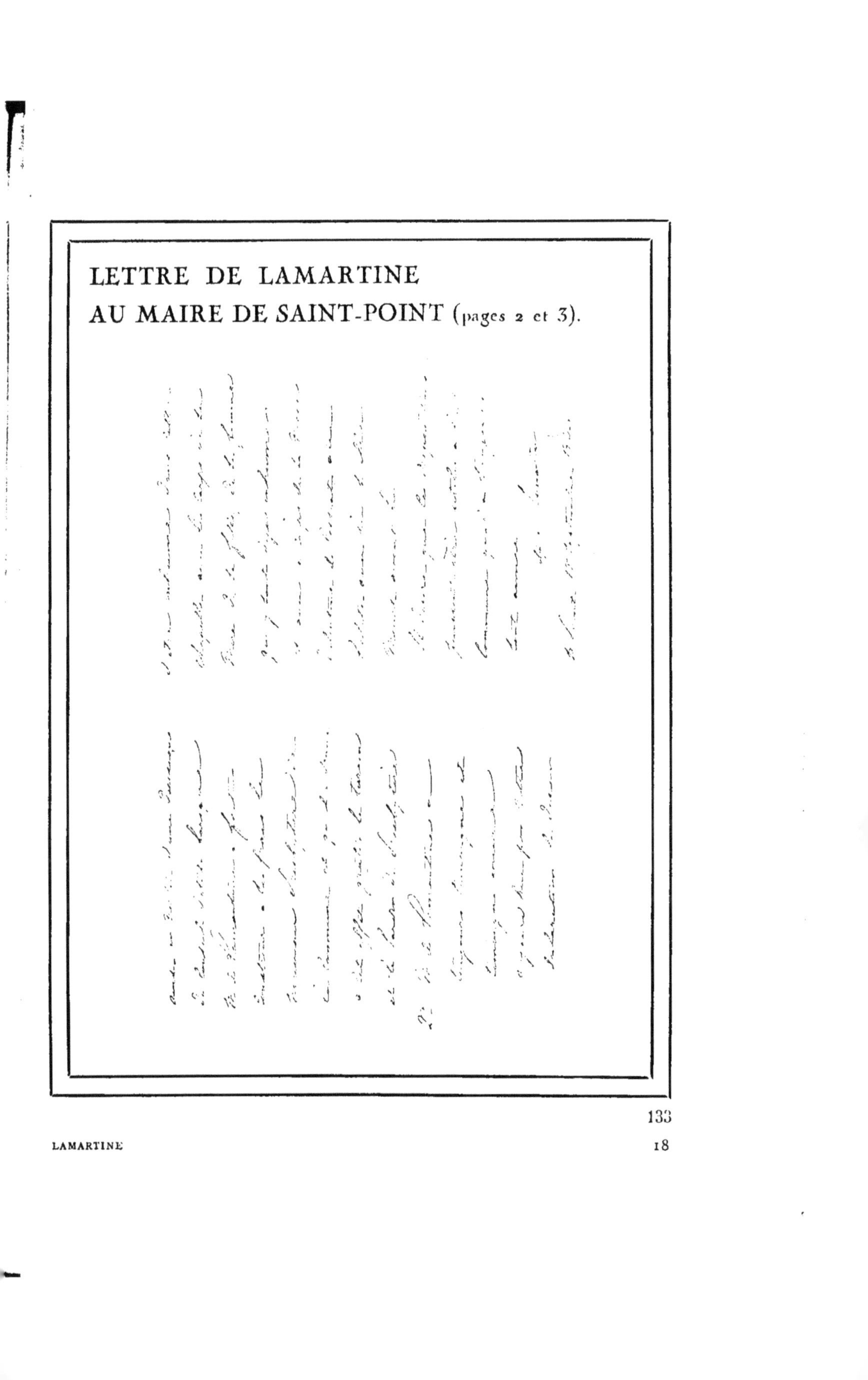

LETTRE DE LAMARTINE
AU MAIRE DE SAINT-POINT (pages 2 et 3).

LA MORT DE LAMARTINE

LAMARTINE mourut, le 28 février 1869, dans le petit chalet de la rue d'Eylau. La page 135 montre la reproduction de sa photographie prise sur son lit de mort.

L'Empereur, par un geste dont on doit le louer, décréta, le 2 mars 1869, qu'*en considération des grands services rendus par M. de Lamartine dans des temps difficiles*, ses funérailles seraient célébrées aux frais du Trésor public; mais Lamartine avait demandé à être inhumé sans pompe, et sa famille dut respecter sa dernière volonté.

Il avait surtout demandé à reposer dans sa région natale; il n'avait pas seulement exprimé ce vœu, à plusieurs reprises, dans ses œuvres; il avait fait une démarche officielle pour le demander formellement; les pages 132 et 133 donnent le fac-similé d'une lettre qu'il avait écrite, à ce sujet, dès 1866, au maire de Saint-Point. Cette lettre, qui n'a pas encore été publiée, appartient aux Archives de la commune, et m'a été amicalement communiquée par son maire actuel, M. le docteur Siraud.

Lamartine fut donc inhumé à Saint-Point, le 4 mars 1869. L'Académie était représentée à ses obsèques. Son cercueil fut accompagné par Émile Ollivier, mais surtout il fut suivi par une foule extraordinaire venue de tous les points de la région, et qui grossissait à chaque village que, de Mâcon à Saint-Point, traversait le cortège.

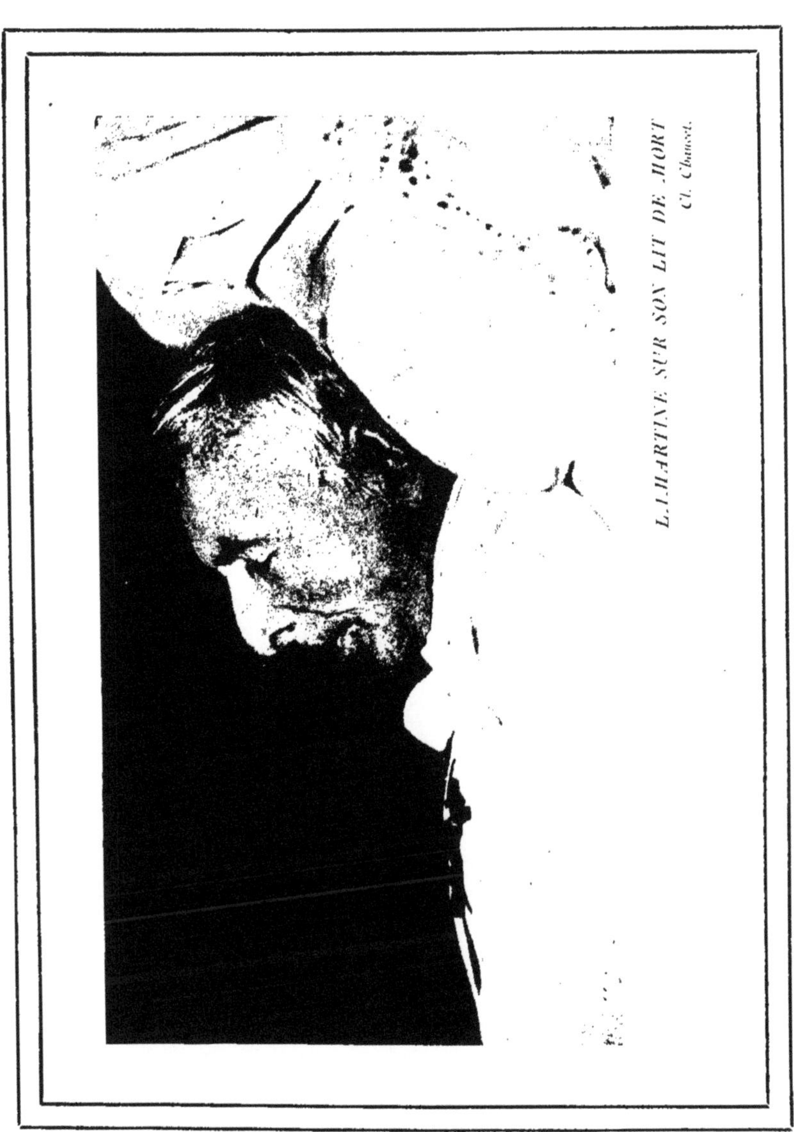

LAMARTINE SUR SON LIT DE MORT
Cl. Chauvet.

LE TOMBEAU
DE LAMARTINE

LE TOMBEAU
DE LAMARTINE

L E tombeau de Lamartine a été élevé à la limite du parc
du château de Saint-Point, en bordure du petit chemin
rocailleux qui conduit au vieux cimetière, aujourd'hui
désaffecté, qui entoure l'église.

C'est une très modeste chapelle gothique qui s'ouvre
par une arcature sur laquelle on lit cette inscription tirée
de l'Ecriture : *Speravit anima mea.*

Sur l'autel (voir page 141), s'élève le buste du poète par
Adam Salomon.

Au pied de l'autel, s'étend, en travers, la statue funèbre
de Julia de Lamartine, par le même sculpteur. Le socle de
la statue porte une inscription écrite au crayon, et non
encore gravée : « Il est plus doux de s'associer aux deuils
des grands hommes qu'à leurs gloires. Leurs douleurs sont
à ceux qui les aiment. Leurs gloires appartiennent à tous.
Adam Salomon. 1864. »

LE TOMBEAU DE LAMARTINE

Cl. H. Cerf.

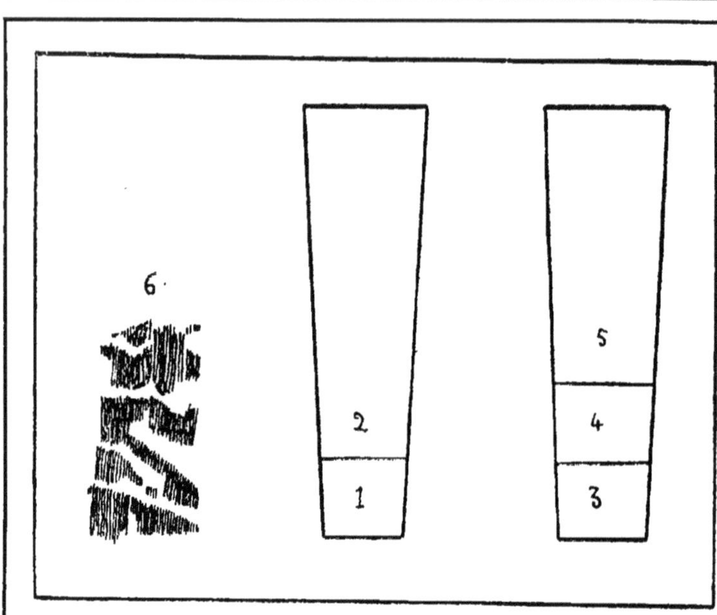

Le plan ci-dessus, que nous empruntons à l'*Histoire de Saint-Point*, de M. L. Lex (Mâcon, 1898), montre comment sont disposés les corps de la famille qui sont inhumés dans le tombeau de Lamartine.

1. — Cercueil de Lamartine.
2. — Au-dessus : celui de Valentine de Cessiat.
3. — Cercueil de la mère de Lamartine.
4. — Au-dessus : celui de sa femme.
5. — Au-dessus encore : celui de sa fille Julia.
6. — Les restes de sa belle-mère et de son fils.

VUE INTÉRIEURE DU TOMBEAU DE LAMARTINE

Cl. Petit, à Mâcon.

LE TOMBEAU
DE LARREGUY DE CIVRIEUX

CEUX qui connaissent le tombeau de Lamartine, mais ne l'ont pas vu depuis 1916, éprouveront, lorsqu'ils retourneront le visiter, une vive surprise qui se transformera bientôt en une poignante émotion.

Le tombeau de Lamartine n'est plus isolé sur le terre-plein qui domine le vallon de Saint-Point; en bordure du même raidillon, accolée à sa droite, blottie à son côté et au-dessous de lui, comme un enfant qui se pelotonne auprès d'une tendresse qui l'enveloppe et le réchauffe de son rayonnement, s'est élevée une modeste tombe, avec un entourage de fer forgé et, à son chevet, une croix de pierre au centre de laquelle une plaque de cuivre porte cette inscription :

LOUIS-RENÉ-MARC LARREGUY DE CIVRIEUX
SOLDAT AU 4ᵉ RÉGIMENT D'INFANTERIE, 11ᵉ Cⁱᵉ
CLASSE 1915, FONTAINEBLEAU 485
TUÉ
LE 18 NOVEMBRE A VERDUN

Au-dessus de la tombe, sur une plaque de marbre blanc fixée au mur, on lit :

SELON SON VŒU SUPRÊME
FURENT TRANSPORTÉS
ICI
PRÈS DU TOMBEAU
DE LAMARTINE
LES RESTES DE
MARC LARREGUY DE CIVRIEUX
NÉ LE 27 FÉVRIER 1895
A SORRENTE, FACE NAPLES
TUÉ LE 18 NOVEMBRE 1915
A FROIDETERRE
DEVANT VERDUN

L'histoire est simple : le jeune de Civrieux était un soldat très lettré de la classe 1915. Il était venu plusieurs fois à

TOMBEAU DE LARREGUY DE CIVRIEUX

Cl. H. Cerf.

Saint-Point avec son père, et il était possédé d'un grand
enthousiasme lamartinien.

Quand il partit pour le front, il eut le pressentiment de sa
mort, et il demanda instamment aux siens de le faire
inhumer auprès de Lamartine, s'il ne revenait pas vivant.

Il fut tué devant Verdun.

Son père vint trouver le docteur Siraud, maire de Saint-
Point, et lui demanda de l'aider à réaliser le suprême vœu
de son fils.

Les objections surgirent; mais comment s'opposer au désir
d'un soldat qui était mort pour la France?

Le maire de Saint-Point comprit la détresse morale
du père et la signification émouvante du geste du fils. Il est,
de plus, un admirateur de Lamartine avec lequel son grand-
père eut d'étroites relations. Il persuada son Conseil, qui se
laissa, du reste, facilement convaincre, et voici comment
nous avons maintenant ce spectacle émouvant d'un poilu qui
dort son dernier sommeil, bercé par la caresse de la Poésie.

Ce tribut d'admiration, s'il est touchant, n'est pas isolé.
On vient à Saint-Point de tous les points du monde, et pendant la belle saison, on compte en moyenne 60 à 80 visiteurs par jour. Le livre d'or du pavillon lamartinien montre
que le prestige du grand homme continue à émouvoir les
cœurs dans toutes les classes de la Société, et, parmi les
signatures d'hommes célèbres ou notables dont il accuse le
passage, on en relève dont le voisinage est tout à fait
imprévu.

La photographie du tombeau prise par mon fils montre,
fixé à la grille, un tout petit bouquet qui avait été placé, le
matin, par un pèlerin inconnu.

BIBLIOGRAPHIE

Révérend du Mesnil : *Lamartine et sa famille*. Extrait de la *Revue du Lyonnais*. Imprimerie Vingtrinier, 1869.

L. Lex : *Lamartine. Souvenirs et documents. Centenaire de sa naissance*, 21 octobre 1890. Protat frères, Mâcon.

Félix Reyssié : *La jeunesse de Lamartine*. Hachette 1892.

Anatole France : *L'Elvire de Lamartine. Notes sur M. et Mme Charles*. Champion, 1903.

L. Lex : *Histoire de Saint-Point*. Protat frères, Mâcon, 1898.

P. Maritain : *La maison où est né Lamartine. Annales de l'Académie de Mâcon*, troisième Série, t. III, 1898.

Mme M. T. Ollivier : *Valentine de Lamartine*. Hachette. 1898,

René Doumic : *Lettres d'Elvire à Lamartine*. Hachette. 1905.

Léon Séché : *Elvire et les Médilations. Mercure de France*, 1906.

Jean des Cognets : *Etude sur les manuscrits de Lamartine*. Bibliothèque de la Faculté des Lettres, T. XXI, Alcan 1906.

Chr. Maréchal : *Le véritable « Voyage en Orient » de Lamartine*, d'après les manuscrits originaux de la Bibliothèque nationale. Bloud et Cie, 1908.

Pierre de Lacretelle : *Les origines et la jeunesse de Lamartine*. Hachette, 1911.

Jean des Cognets : *La vie intérieure de Lamartine. Mercure de France*. 24 Janvier 1913.

Renée de Brimont : *L'Album de Saint-Point, ou Lamartine fantaisiste. Lettres inédites en vers*. Plon-Nourrit, 1925.

TABLE DES GRAVURES

TABLE DES MATIÈRES

IMPRIMERIE
DE VAUGIRARD
H.-L. MOTTI, PARIS
1   9   2   5